오디에 서린
얼굴

오디에 서린 얼굴

발행 2019년 9월 25일

지은이 강구원
발행인 윤상문
디자인 박진경
발행처 킹덤북스
등록 제2009-29호(2009년 10월 19일)
주소 경기도 용인시 기흥구 동백동 622-2
문의 전화 031-275-0196 팩스 031-275-0296

ISBN 979-11-5886-165-0 (03230)

Copyright ⓒ 2019 강구원
이 책은 저작권법에 따라 보호받는 저작물이므로 무단전재와 복제를 금지하며,
이 책의 내용의 전부 또는 일부를 이용하려면 반드시 저작권자와 킹덤북스의
서면 동의를 받아야 합니다.

※ 잘못된 책은 구입하신 곳에서 교환하여 드립니다.
※ 책 가격은 표지 뒷면에 있습니다.

 킹덤북스(Kingdom Books)는 문서사역을 통해 하나님의 나라를 확장하고,
한국 교회와 세계 교회를 섬기고자 설립된 출판사입니다.

■ 현대인들의 고달픈 마음을
■ 위로하고 치유하는 시

오디에 서린 얼굴

강구원 지음

오디가 익을 때면 내 슬픔 익어가고
오디를 먹을 때면 눈물이 나네
그분은 아마도 알고 계실까

킹덤북스
Kingdom Books

시집 출간을
축하하면서

창밖에는 눈이 내리고 있습니다.
내린 눈은 소리 없이 온 대지를 덮고 있습니다.
우리가 사는 삶의 현장을 순백으로 덮을 수 있는 힘은 무엇일까요?
그 힘을 시인 강구원의 시집에서 찾아보면 어떨까요
강구원 시인은 너무 욕심이 많습니다. 그리고 복이 너무 많습니다.
삶의 현장에서 고달픈 마음의 상처를 보듬는 시인으로, 영혼을 치유하는 목회자로, 젊은 청년들에게 꿈과 희망의 메시지를 전하는 학자이면서 총장의 중책을 수행하고 있습니다. 그는 어느 누구도 넘볼 수 없는 순백의 목회자이면서 시인입니다.
시집에는 시인 강구원의 삶의 흔적이 묻어 있습니다.
지난 40년 동안 우리나라는 한편으로 경제 성장과 더불어 삶의 여유가 있는가 하면, 또 다른 한편에는 삶의 고통에서 갇혀 있는 분들도 있습니다. 유엔보고서에 의하면 대한민국 행복지수는 2013년 155개국 중 41위, 2018년에는 57위로 해마다 순위가 뒤로 밀리고 있습니다. 여기에는 스트레스, 불안, 우울증, 정서장애 등 마음의 병을 달고 사는 분들이 많다고 합니다.
시집의 소절에서 죽음을 불사한 희생의 대가는 필연적으로 영광의 결실을 보는 것이라고 노래한 것은 시인의 지정至情한 삶에서 느낄 수 있습니다.

그의 시집을 통하여 많은 이들에게 마음의 고통을 덜어주고 삶의 활력을 돋구고 용기를 얻는 계기가 되길 기원합니다.

숭실대학교 제12대 총장
김대근 박사

강구원 목사님의
시(詩)를 예찬함

    나는 지금껏 목사 강구원만 알고 있었는데, 금번의 이 시집을 읽으면서 그의 시인으로서의 놀라운 시성詩性을 발견했습니다.
    이 시집에 나타난 그의 시어詩語들을 보면서 시인은 그 큰 체구에 걸맞지 않게, 섬세하고 여린 소녀 같은 감성을 가졌다는 느낌을 받았습니다.
    시인은 사물을 보는 예민한 시적 감각을 가졌으면서도, 고려신학교 총장으로서 신학 운동과 교정敎政을 두루 섭렵涉獵하는 걸출한 대인大人의 모습으로 다시 보게 되었습니다.
    이미 오래 전에 그는 등단 시인으로서, 문장가로서 많은 신학 저술과 설교집을 내기도 했습니다.
    그럼에도 불구하고 그는 천상 개혁주의 목사로서 양들을 섬세하게 살피는 선한 목자였습니다. 내가 아는 시인은 선비 목사로서 고전古典과 현대를 두루 섭렵하여 모든 이에게 열려 있는 의리의 사람이자 능력의 사람이었습니다. 그래서 그는 한국 개혁주의 신앙 운동의 지도자로 우뚝섰습니다.
    특히 그는 언제나 고려파의 S.F.C 정신에 푹 빠져 있어서, 세상이 골백 번을 바뀐다 해도, 개혁주의 신학과 신앙을 굳게 지키고 나갈 신학자이며 목회자입니다.
    이렇게 혼미하고 무질서하고, 배신의 시대에 진리의 파숫군으로 지내려면 「고독을 각오하라」는 1950년대 고신의 설립자인 한상동 목사님의 설교가 생각이 납니다.

강구원 목사님!

외로워도 역전의 용장으로 다가올 전투의 최전방에 서기를 바랍니다.

아무쪼록 이 시집이 모든 사람들에게 감동적으로 읽혀지기를 바라면서 지난날도 붙잡아 주신 성삼위 하나님의 능력이 강 목사님의 모든 사역 위에 차고 넘치시기를 축복하고 축하합니다.

전) 총신대학교 총장, 한국칼빈주의연구원장
정성구 박사

인사말

평생에 시를 썼지만 생전에 시집을 내지 않고 떠난 시인들이 얼마나 많은가 생각해본다. 시집을 낸다는 것은 나에게 있어서는 사치가 분명하다.

그 어떤 사람의 요청에 의해서 시집을 낸다는 것 또한 핑계로 포장된 사치이고 보면 비판받기 딱 좋은 말이다.

숨김없이 내 속내를 드러내어 말하면 나는 언젠가는 시집을 내고 싶었다.

증조부 생전에 우리 집에는 시인묵객들이 많이 왕래했다는 소리를 어릴 적부터 기억하고 있어서일까?

서원書院에 증조부의 시 한 수가 걸려있다는 사실에 자극을 받아서였을까? 나는 어릴 적부터 글쓰기를 좋아했다.

대학교 1학년 때 고故 예종숙 교수로부터 시문학의 지도를 받아 1972년 8월호 【풀과 별】지에 두 편의 졸작拙作이 실린 것이 계기가 되었다.

무지한 나에게 용기를 주기 위함일까. 금세기 한국을 대표하는 시인들로 구성된 편집위원들과 고故 이철균 선평위원으로부터 격려와 함께 호평을 받았다.

그 후 40년 동안 편작片作을 하면서도 운명적으로 시詩와는 다른 글을 써야만 했었다. 설교 사역은 절대로 성경 해석의 원리의 궤도를 벗어나는 글은 용납지 않는다.

　이런 나에게 다시 시詩를 쓸 수 있도록 계기를 마련해 준 착각의 시학 대표 시인 김경수 님과 시인 이늦닢 님께 이 땅에 있는 모든 수사를 다하여 고맙게 생각하며 분수分数에 넘치는 과찬으로 격려해 주신 전前 총신대학교 총장 정성구 박사님과 숭실대학교 제12대 총장 김대근 박사님께 나의 존경과 사랑을 다하여 감사드린다.

　이 시집을 애써 엮어주신 킹덤북스(Kingdom Books) 윤상문 대표님께 진심으로 고맙게 생각한다.

　모진 세월 거느리고 나를 이만큼 되도록 하신 나의 어머니 고故 엄분연 권사님과 이 세상 이만큼 살다가 나보다 먼저 떠난 고故 이필숙 사모님께 당신이 사랑했던 아이들과 함께 이 시집을 고이 들어 바친다.

2019. 3. 21 신림동 고려신학교 총장실에서
강구원

차 례

격려사 (숭실대학교 제12대 총장 김대근 박사)   04
격려사 (전, 총신대학교 총장, 한국칼빈주의 연구원장 정성구 박사)   06
인사말   08

오디에 서린 얼굴 …………………………………… 17
별빛 속의 추억 …………………………………… 19
모정 …………………………………………………… 20
別村(Ⅰ) ……………………………………………… 21
別村(Ⅱ) ……………………………………………… 22
別村(Ⅲ) ……………………………………………… 23
내 마음에 한 노래 있어 ………………………… 24
관계關係 …………………………………………… 25
엘림에게 …………………………………………… 26
깻떡 ………………………………………………… 28
황매화黃梅花 ……………………………………… 30
만추의 입당(Ⅰ) …………………………………… 32
만추의 입당(Ⅱ) …………………………………… 34
만추의 입당(Ⅲ) …………………………………… 38
독자가 뽑은 좋은 시 …………………………… 40
素月亭 ……………………………………………… 42
중복中伏의 소고溯考 …………………………… 46
나의 새암泉은 어디에 …………………………… 48

오디에 서린 얼굴

뱃고동 소리	50
안 개	54
솜이불	56
님의 산수傘壽에 올림	58
추천평	62
'님의 산수傘壽에 올림' 시평	64
착각의 시학 당선소감	68
남태령南泰嶺	70
칠월 열흘 그리고 아흐레	72
편운片雲	74
새해 바람	76
맹녀孟女	80
월하여심月下女心	82
나의 노래	84
맹춘 여행孟春 旅行	86
하나님의 기쁨 조엘	87
천만인의 어미	88
기근만리飢饉萬里	90
낡은 고깃배 한 척	92
한국신춘문예 심사평	94
사모思慕의 세레나데夜曲	96
효단曉旦	98

차 례

아침 1045의 세상(Ⅰ) ... 100
아침 1045의 세상(Ⅱ) ... 102
맹녀孟女의 매력 ... 105
영원한 그 이름 ... 106
강구원 시인 작품론 / 이늣닢 시인 ... 108
자유로自由路 가는 길 ... 118
맹동낙엽孟冬落葉 ... 121
부탁받은 삶 ... 122
자유로의 겨울 갈대 ... 124
주유산하周遊山河 ... 125
사랑의 세레나데 ... 126
우중애가雨中愛假 ... 128
가을과 겨울 사이 ... 130
아픈 이별 ... 131
섣달그믐 삼월 열흘 ... 132
오늘도… ... 134
한恨의 노래 ... 135
훈계 ... 136
부활의 시詩 ... 138
어머니의 계절 ... 142
송구영신(Ⅰ) ... 144

오디에 서린 얼굴

송구영신(Ⅱ)	148
해룡호	150
골곰짠지	152
佳音亭	154
사랑하는 사람에게	156
숨박꼭질	157
눈보라	158
아지랑이 할미꽃	160
순리順理	162

부록 (수필)   165

- 어머니의 자서전自敍傳   166
- 손주의 옹알이   170
- 일본 동경산 깻떡   175
- 엘림이 아버님이 사랑한 것만큼   178
- 30년 전 역전 이발소   181

오디가 익을 때면 내 슬픔 익어가고
오디를 먹을 때면 눈물이 나네
그분은 아마도 알고 계실까

현대인들의 고달픈 마음을
위로하고 치유하는 시

오디에 서린 얼굴

오디에 서린 얼굴

오디가 익을 때면 내 슬픔 익어가고
오디를 먹을 때면 눈물이 나네
그분은 아마도 알고 계실까
조그만 손으로 오디를 따서
그분 계신 곳에 가지고 갔을 땐
새까맣고 조그만 이 눈앞에서
멀리멀리 떠나가셨지
한 아름 부푼 꿈은 산산이 깨어지고
뜨거운 눈물만 두 볼을 적셨지

選評

童詩를 쓸 素質이 있습니다. 「오디에 서린 얼굴」 - 어떤 病에 오디가 좋다는 말을 어린 귀로 들었을 것이다. 어린 손이 까맣게 물들만큼 따가지고 줄달음쳐 갔을 때에는 차디찬 죽음이 기다리고 있었다. 어린 가슴에 남몰래 존경하고 사랑했던 그 사람이. 그 虛無와 絶望. 人間의 여러 문제를 생각케 해주는 餘韻이 있습니다. 「오디가 익을 때면 내 슬픔 익어가고/ 오디를 먹을 때면 눈물이 나네.」 좋은 作品입니다. 흔한 素材이면서도 남들이 잘 쓰지 않는 오디의 그 풋풋한 냄새와 달착지근한 맛과 까만 빛깔이 상징하는 世界까지도 엿보입니다. 李轍均

編輯 및 選評委員
金東里 徐廷柱 辛夕汀 朴木月 朴南秀 張泳暢 마즈미 도오르 金英穆 李東柱 李轍均 朴喜宣 柳光烈 申世薰 文德守
<한국시인협회 1972년 8월호 「풀과 별」지 추천시>

별빛 속의 추억

별빛이 가물가물 멀어져 갈 때면
내 추억도 가물가물 멀어져 갑니다
별빛이 하나 둘 반짝일 때면
내 추억도 하나 둘 반짝입니다
새털구름 얄밉게 별빛을 가리우면
내 추억도 구름 속에 가리워집니다

選評

「별빛 속의 추억」 - 별빛과 추억과의 一體感이 있습니다. 이만큼 정리되기가 어렵습니다. 技功上으로는 順應보다 逆轉이나 轉入하는 手法이 더 感動을 주고 있습니다. 간절히 잊지 못할 어떠한 추억이 있었을 것이니 더욱 精進있기를 바랍니다.
李轍均

選評〈李撤均〉
시인, 교수(1927~1987)
일본 와세다 제1고등학원 졸업
1953년《문예》[염원] 추천

編輯 및 選評委員
金東里 徐廷柱 辛夕汀 朴木月 朴南秀 張泳暢 마즈미 도오르 金英穆 李東柱 李撤均 朴喜宣 柳光烈 申世薰 文德守
〈한국시인협회 1972년 8월「풀과 별」지 추천시〉

모정

쪽진 비녀 너머로
뽀얀 새벽이 열리고
허기진 발걸음이 무겁다

풀숲 벌레들이 기지개를 켜면
서너 뼘 되는 나를
무릎 위에 내려 앉히고
풀 냄새 배인 손으로
내 배꼽 쓰다듬던 우리 어머니

어느샌가
남정네들 헛기침 소리 잦아가면
토담집 부엌은 연기에 묻히고

행주치마 걷어 올리고
기억마저 삼삼한
어매 품이 그립다
무엇을 다 못했나 늘 아쉽고
오늘도 날 가엾어서
숨 막히는 내 어머니

別村(Ⅰ)

방랑放浪에 깃을 달고
사색思索에 나래를 펴든 때
이제는 싼 값으로
다 바꾸었다오
그대의 소원대로…
그대를 향한 내 소원도 있다네
이제는 그대가
내 소원을 들어줄 차례…

別村(Ⅱ)

맹추孟秋 그윽한
산허리에
여윈 상흔傷痕은
누구의 아픔인가
모진耗盡 세월을 지키느라
반쯤 삭아버린 능선을 타고
백골白骨이 진토塵土가 된 유골遺骨 하나
백골의 마지막 핏소리가
진토에서 호소呼訴한다
내 조국의 낡은 혼魂들을 향해

別村(Ⅲ)

가시밭 깊숙이
뱀의 혓바닥을 밟는다
작은 머리의 지배를 받으며
단풍하사 계급장이 숨이 찼었지
젊은 함성이 새벽을 깨우며
달음박질하던 밤나무골
가평加平의 호젓한 산하山河는
어디에서 찾을까
미평국未平國이면 어떻고
미득국未得國이면 어떤가
남이장군 북정가北征歌만이
남이섬을 적시누나

내 마음에 한 노래 있어

내 마음에 한 노래 있어
봄, 여름, 가을 그리고 겨울을 따네
내 마음에 한 노래 있어
봄, 여름, 가을 그리고 겨울을 먹네
어디선가 벌거벗은
아이들 떼지어 몰려와
계절을 빌려달라고 하면
내 마음에 있으니 안된다고 하려네
그 아이들 자꾸만 졸라대면
내 마음에 있는 노래나 들려주고 가려네

관계 關係

너의 조국에 비가 내릴 때
나의 조국에 눈이 내릴 때
너와 나의 조국은 비가 좋아서
눈을 사랑했었나보다
아! 조국의 산하山河여
아! 조국의 얼이여

조국의 전선이 창검에 빛날 때
나의 한마디 큰 바위 흔들고
너의 한마디 성난 사자들 잠재우리
도시都市의 혼魂들은 진리가 되어
메아리로 퍼지고
우리 모두의 미련한 혀 눈 녹듯 풀리리
너의 얼굴에 비 내리고 너의 머리에 눈 내리면
진정 너와 나는 좋은 관계關係이구나

엘림에게

꽉 다문 산 사이로
무거운 빗소리는
서른 두 해의 끈질긴 정상을
그렇게도 확인시키누나
꿈이라도 좋을 뻔했던 이도 있건만
떡잎 가냘픈 너의 모습 내 어이 잠잠하리
식음을 전폐한 건 너 때문이 아닌 것을
내 마음 너 모르니 오히려 부끄럽구나

나의 사랑 엘림아!
칠보단장 고운 옷을 한두 해 입더라도
너는 사막의 열두 샘이 되어
그의 백성 갈한 목을 축이고
칠보단장 고운 옷을 한두 해 벗더라도
너는 사막의 칠십 주 종려되어
그의 백성 쉼터가 되어다오

그의 사랑 엘림아!
너 어디에 있던지 그의 사랑 그의 인자
그 샘 숲을 늘 지키시리니
너는 정녕 사막의 오아시스이어라

깻떡

눈에 익은 까만 깻떡 하나
가지런히 집어 입안에 넣으려니

종종걸음에 치맛자락
부딪히는 소리 들린다

입안 가득 담백하고
맛으로 안색이 즐겁다

찹쌀에 까만 깻가루 묻혀놓으면
그만인 줄 알았더니
윤기 나는 오동나무 목기木器에
넘어질세라 공들여 쌓고
연신 먹는 이들의 표정을 훑어내린다

노심초사勞心焦思하면서
안절부절 못한다
이구동성異口同聲으로
참 희한하다!
참 잘되었네!
과연 석탄병惜呑餠* 이로세
그 한마디 들리려나
애를 태운다

* 석탄병(惜呑餠): 먹기 아까운 떡

황매화 黃梅花

삭풍 가운데 푸른 줄기 여전하고
고사리 돋는 계절이 오면
기다린 듯 노랗게 천지를 단장한다

자신의 낮과 밤만을 지배하는 겸손이
다른 식물의 지배를 비켜가게 한다
적응력이 뛰어나
자신의 삶을 쉽게 포기하지 않고
정체正體가 분명하여
천부天賦의 색과 향을 결코 놓치지 않는다
고집스럽게도
주어진 영역에 정직하고
어떤 유혹에도
주어진 시간과 공간에 순응順應한다
척박瘠薄해도 무모하게 변이變異하지 않고
자신의 유익을 위해 이반離反하지 않는다

해마다 이맘때면 어김없이
다시 보게 되는 황매화의 경쟁력이
여기에 있다

만추의 입당(Ⅰ)
晚秋의 入堂

낮과 밤이 서로의 영역을 지배한다
밤에서 낮이 나오고
밤은 낮을 희롱한다
고풍古風이 불던 날
밤과 밤 사이에서
수줍은 한 송이 찔레꽃이 피었다
모진 세월의 풍상을 딛고
저도 화족花族인양 피었다
장미가 되려고 겸손히 몸을 낮춰본다

하도 낮추어 허리가 굽었다
찔레꽃의 전설傳說도
찔레꽃의 창가唱歌도
모두 다 잊어버렸다
그래도 여전히 찔레꽃이다

찔레꽃에게는
장미라는 이름이
평생 두려움과 서글픔이었다

어느날 젊고 건강한 이가
찔레를 장미에다 접붙였다
그 후로 찔레는
장미의 의미로 살았다

님을 부르는 진한 향기로
치한을 방어할 가시도 지닌 채
그 이름 장미가 아름답다
마침내
선禪 장미가 세상에 나왔다

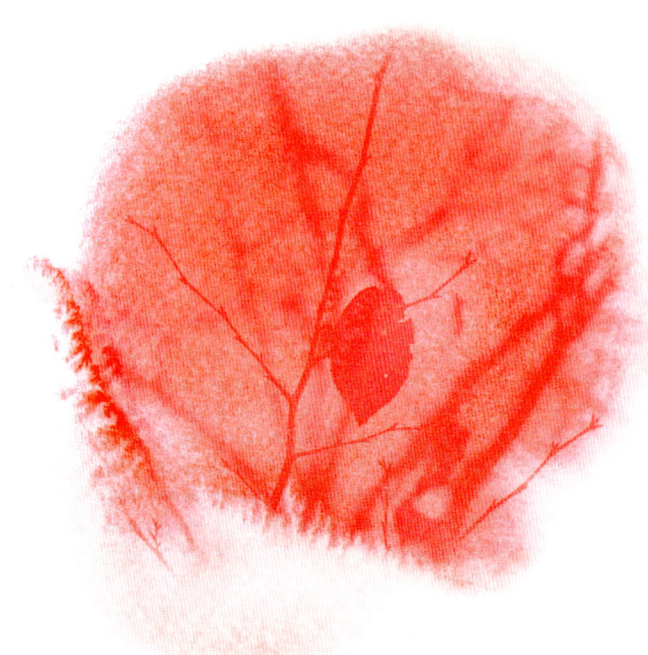

만추의 입당(Ⅱ)
晩秋의 入堂

밀봉蜜蜂한 세월인가
낮과 밤이 얼마나 지났는가
춘추春秋 얼마나 지났는가
십삼 년 세월의 무게가
피골皮骨에 사무친다

벌레처럼 구석에서 숨죽이는
내 영광이 부끄럽다
차라리 내 호呼를
놈 자者자와

부끄러울 참慙자를 쓰리라
그러나
어쩔텐가
한 날 한 날을 애써 살았던 것을
비록 피투성이라도
그렇게 살아온 것을
우리를 모질게도 엮어왔던
우리들의 보금자리들
그 도로변 그 소음騷音들
유난히 불쾌지수가 높았던 그 집
짜증나도록 악취가 심했던 그곳
젊은이의 우중취가雨中醉歌
노인이 토吐하는 허언虛言들
아낙네의 살기 띤 굉변硡辯
그때 우리는
옹기종기 모여 앉아
골목길 장사꾼들 외침에도 괴로워했다

다만 여기는
자기 것이 없으면
홀로 남는 세상

그래도
이 도시가 좋았던 우리
이 마을에 살고 싶었던 우리
이제 이 땅에 있는
가장 아름다운 수사를 다 모아
감사를 드린다

여기 님의 품에서
야공의 반짝이는
별 같은 아들들의 감사와
여름바다 눈부신
모래알 같은 딸들의 찬가와
오염되지 않은 순純황토의
티끌 같은 인재人材들의 충성을 보리라

이제 우리의 혼을 다하여
힘있게 파리라
이제 우리의 정성을 다하여
곱게 파종하리라

이제 우리의 사랑을 다하여
아름답게 길러내리라
이제 우리의 겸손을 다하여
눈부시게 거두리라

만추의 입당(Ⅲ)
晚秋의 入堂

님이여!
여기
너의 의미를 담뿍 가져라
할 수 있으면
너의
뿌리를 가장 깊게 뻗어라
빈거뇨시貧居鬧市 보다는
차라리 부주심산富住深山이 되어라

님이여!
전마의 위엄을 가지고
어찌 멧돼지를 사냥하랴
차라리
장군將軍을 등에 업고
화약냄새 나는 전쟁터로 달리려무나

님이여!
창궐한 뱀들의 헛바닥도
포도원을 허는 작은 여우새끼들도
두려워하지 마라

차라리
태양太陽이 시샘하는 뜨거운 사랑과
대양大洋이 시샘하는 포용包容을 사라

님이여!
마른 땅에도 장화를 준비하고
시상대施賞臺 위에서도
투구를 가져라
연회석宴會席에서도
갑옷을 준비하고
잠잘 때에라도
검을 준비하여
너의 곁에 맞놓아라
그리고
결코 가볍지 않은 짐을 지고
이 길을 기꺼이 가거라
좁고 협착한
영광의 이 길을

그래
그래
그래야지
그래야 되고 말고

독자가 뽑은 좋은 시
詩人 강구원

추천노트

　강구원 시인은 그에게서 느끼는 인품처럼 작품에서도 매우 신앙적인 사랑과 품성이 은은하게 풍겨온다.
　그는 현직 목사이자 시인이다. 그의 시가 어떻게 기독교사상을 반영하고 있느냐는 문제에 그 어느 것보다도 우선하는 전제조건이다.
　물론 발표한 작품이 개인 신앙의 직접적인 표출이 아님은 거론할 여지가 없지만, 시적詩的 형상화形象化를 통해 개인의 신앙이 용해되고 현현顯現된다는 것 또한 분명한 사실이다. 이번 세 편의 시에도 서로를 탐하고 내어주는 선악의 영역에서 숨죽여 피어난 찔레꽃, 그 허리가 굽어질 정도로 모진 세월 견뎌온 삶은 드디어 장미(신앙적 의미)라는 이름을 얻을 수 있었다.
　그리고 나를 낮추고 타인을 높여줄 줄 아는, 꽃과 함께 덤으로 온 가시는 분별력 있는 눈으로 세상을 볼 수 있는 안목眼目이라는 걸 선물로 안겨 주었다.
　만추晩秋의 입당入堂이다. 견디기 힘들었던 뙤약볕 같은 세상 속에서도 신앙信仰과 생명生命의 세계를 시로 형상화하며 모질게 노력하고 앞만 보고 달려온 길, 적막하고 삭막하지만 미지의

미래 세계가 열려져 있는 그 곳, 그는 그곳을 사랑하고 기꺼이 그곳에 파종하고 가꾸고 거두는 삶을 살 것이다.
 작지만 아주 큰 장미의 이름으로-

착각의 시학

素月亭
어머니의 五季

어머니의 봄은
질흙 묻은 신발 터는 소리와
손톱에 박힌 흙 빼내는
아픔에서 시작된다

어머니의 여름은
겨드랑에서 배어나는 젖내음과
물 젖은 고무신 삐걱 찌걱하는
소리로 시작된다

어머니의 가을은
온종일 구부렸던 허리 펴는 소리와
비나 오지 않을까 염려하는
긴 한숨소리로 시작된다

어머니의 겨울은
초가지붕 노랗게 갈아입히고
호롱불 밑에 바느질하면서
우리 삼남매三男妹 꾸지람으로 시작된다

어머니의 사계四季에는 언제나 목이 탄다
그리고 흐르기도 전에 증발蒸發해 버린다
어머니의 사계四季는 몸져누울
시간도 없다

어머니의 사계四季는 손바닥만한
당신 얼굴 하나쯤 단장丹粧할 시간도 없다

어머니의 사계四季는
신발 가지런히 벗어놓을 여유餘裕도 없다

우리 어머니의 계절季節은 사계四季가 아니다
우리 어머니의 계절季節은 하나 더 있다
그 계절季節은 장남長男인 내가 붙여준 것이다
그 계절季節의 이름은 소월素月이다

우리 어머니의 계절季節 소월素月은
봄, 여름, 가을, 겨울과
우정관계友情關係에 있다가
유독히 겨울이면 왕성旺盛한 제 위용威容을 드러낸다

성지골, 백석개, 새미고개, 자그네, 무림이
미금 말레이, 말응, 뚱디바골, 달지고개
이 낯선 이름들은 모두 소월素月의
화려한 무대들이다

우리 어머니는 쫓기듯이 밤 고개를 넘는다
밤이슬에 젖은 천근 무거운 흰 보따리가
어머니 머리 위를 사정없이 누른다
흰 보따리는 흰 달처럼 어머니의 머리 위에서
어둠을 타고 미끄러져 간다

밤이슬에 젖은 무거운 흰 보따리만 보일 뿐
어머니의 모습은 보이지 않는다
그 흰 보따리는 무겁다
그 속에는 이 세상에 아름다운 색깔이 다 들어 있다
그 속에는 우리 가문이 다 먹고도 남을 만큼 풍성하다
그래서 그 흰 보따리는 무겁다

그 흰 보따리는
어머니의 이마를 덮고
반달 같은 눈썹을 덮고

마침내 영롱한 눈까지 덮으면서
볼 위를 흘러내린다

우리 어머니의 머리 위를 누르고 있는
무거운 흰 보따리는
지표선地表面을 따라 흰 조각달이 되기도 하고
능선稜線을 따라 흰 초승달이 되기도 하고
산 정상山 頂上에 오르면 흰 보름달이 되기도 한다

우리 어머니 계절季節은 오계절五季節이다
봄, 여름, 가을, 겨울 그리고 소월素月이다
소월素月은 밤에만 나타나는 장관壯觀이다
이 계절季節은 이 세상世上에서 우리 어머니에게만
있는 유일唯一하고 아름다운 계절季節이다

중복中伏의 소고 溯考

늙은 감나무 한 그루가
도시都市의 저녁을 관조觀照한다
도시는 더 이상 자신의 수치羞恥를
가릴 생각은 없는 듯하다
가지에서 떨어진 풋감 냄새는
태고太古의 신비神秘를 자아내고 있다
그윽한 본래의 냄새가 동심童心을 자극한다
풋감 냄새에서 조상祖上들의
노변정담爐邊情談이 소박素朴하다
풋감 냄새는
우리 어머니의 냄새다
공원 한 구석에 검푸른 벼논은
우리 어머니의 모습이다
오늘 같은 중복中伏에는 별미別味가 있다
아!
어머니의 담백한 손맛이 그립다
아!
어머니의 손맛보다 더 깊은
눈물 섞인 매맛이 그립다

나의 새암泉은 어디에

나는 웅변雄辯보다 더한
웅변雄辯을 하고 싶다
우주宇宙의 소리보다 더 큰 함성으로

나는 나만큼보다 더 고함치고 싶다
내 사촌들의 목을 빌려서라도

나는 노래하고 싶다
박자拍子와 음정音程이 수줍어해도

나는 장수長壽하고 싶다
내 아버지보다 내 어른들보다

나는 여기 겨울아이 영혼靈魂들과
소꿉장난하며 살고 싶다
더 세련洗鍊된 몸짓으로

아름다운 겨울아이들 책冊 속에는
전설傳說 같은 내 이름이 수줍어한다

본래 이 겨울 무대舞臺는
내가 준가準價를 주고 매수買受한
나의 무대舞臺가 아닌가

나의 갈渴한 목을 시원케 해줄
나의 새암泉은 나를 기다리다 지쳤는가

내 목이 차도록 마시게 해줄
나의 새암泉은 언제나 외로워라
나는 나의 새암泉을 찾아
내가 유산遺産 받은
내 아버지 있는
우거진 곳으로 달려가련다

야공夜空의 반짝이는
별을 노래하며
안면安眠이 아니라도 좋을 밤에

나의 조상들이 예비해둔
나의 새암泉은 그 어디에 있다

뱃고동 소리

엘림아!
떠나는 너
보내는 나
떠나는 새
보내는 둥지
이건 너무 슬프다
그리고 매정하기 이를 데 없다
차라리 떠나는 배
보내는 항구가 맞다
다시 오지 않고
다시 맞이하지 못하는 건 싫다
그래서 항구에는
언제나 재회의 뱃고동 소리 더 높은가 보다

엘림아!
너와 나는
지구촌의 공간을 항해하다
천성의 시간에 맞춰
언젠가는 이곳을 떠나야 하는 배가 아니더냐

그러나 엘림아!
나에게는 언제나

너는 나의 배
나는 너의 항구다
너의 나그네 세월이 여물어 갈 때
너는 아빠의 항구가 되고 싶을까
아빠는 너의 항구에 배가 되고 싶을까

그러나 엘림아!
나에게는 언제나 너는 나의 배
나는 너의 항구다

엘림아!
네가 항구가 되는 때가 오면
아빠는 하얀 배가 되어 다시 오지 않는
항구로 떠나가련다
아빠가 할머니의 항구가 되던 때
할머니도 돌아오지 않는 항구로 하얀 배가 되어
떠나가셨잖니

엘림아!
너도 머지않은 장래에 화려한 항구가 되겠지
그리고 너도 언젠가 이곳을 떠나는 하얀 배가 되겠지
너와 나 하얀 배가 되어
뱃고동 소리 없는
그곳에서 다시 만나리

그러나 엘림아!
지금은 너는 나의 배
아빠는 너의 항구란다
아빠가 하얀 배를 타고
아빠의 항구로 떠날 때까지…

안 개

안개에도 냄새가 있다
혀끝에 감도는 맛이 있다

안개에도 색깔이 있다
언제나 그 색깔은 주위를 흥분시킨다

안개의 속살은 박속같이 희다
안개의 노래는 악보가 수줍어한다
안개의 춤사위는 공간의 아름다움이다
안개는 뜨거운 나의 역사다
안개는 이 길을 이태 동안 사랑으로 다졌다
그래서인가 이 길에는
해마다 코스모스가 만발하다

얼마나 예뻤으면 입 맞추을까
얼마나 아름다웠으면 취醉하였을까
못 잊어 오늘도 안개의 꿈을 꾼다

강화로 가는 길
하성면 봉성리는
아직도 의구依舊한데
변화와 개발이
이곳에 피어나는 안개의 역사를 비켜갔다

내 심장에 뜨거운 피가 식기 전까지
안개는 나의 감미로운 역사다

하성의 안개는 섭리였다
봉성리의 안개는 축복이었다
평창동의 안개는 나의 아름다운 역사가 되었다

솜이불

고추같은 시어머니
며느리 섣달 정월 빨래에는
밥상 차려 준다는데……

손 많이 가는 솜이불은 꼬박 이 삼일
손님 영송迎送이 정중했던 우리집

냉골에 솜이불 들여놓고
손님맞이 하노라면
까시리한 솜이불은 누구의 아픔인가
아랫목부터 녹아오는 냉골은 누구의 온기인가

님의 산수傘壽에 올림

곤륜산崑崙山*에 불이 나서
옥석구분玉石俱焚 자욱한데
남도의 사투리를 거느리시고
마른 얼굴 부비시며
불혹不惑에 상경하시니

한 날의 단하丹霞**는
부성父性에서 더 붉고
안면安眠의 밤은

---

* 곤륜산: 중국에 있는 전설 속의 산
** 단하: 붉은 빛의 저녁 노을

어느 객쩍은 시인詩人

풍영諷詠이 대신하니

척박瘠薄한 경향에 그토록 안기었는고

도방고리道傍苦李* 한恨에

흐르는 눈물이

야공夜空에 쏟아지는 성광星光을

이기었구나

천부天賦의 벽癖을 가지시고

역발산기개세力拔山氣蓋世로

불광불급不狂不及을 실천하시니

후세後世를 조명하는 귀감龜鑑이십니다

새벽이슬 같은 우성의 제자들

교공영찬敎功影讚**의 덕을 기리니

선비의 단아端雅함이

온 몸에 가득하십니다

지금에 이르도록

소절小節을 버리시고

차라리 대절大節을 택하시니

서리 내린 귀밑머리 감추지 않았어도

홍안백발紅顔白髮은 자랑이십니다

한평생 견제는 받을지언정

---

* 도방고리: 길가에 오얏나무에 달린 손오얏이란 뜻으로 사람들에게 외면 당하는 사람을 비유
** 교공영찬: 스승의 공력이 영원히 빛남

무시당하지 않으셨고
피 흘린 임마누엘 현장에
이르는 자들마다
머물러 서게 하십니다
날이 선 비수匕首가
칼날이 보이지 않듯이
자리 비었어도
그 외침 생명 되어
가슴마다 가득합니다
원칙이 분명하시어
혼란이 없으시고
호학불권好學不倦*하시니
우리 가운데 지식이 풍량豊量합니다

지지 않기 위해 밤을 밝히시고
이기기 위해 땀 흘리시며
밤마다 젖은 눈이
두텁게 내려앉은
어둠의 과거를 훑으시니
왕도王道의 등불이십니다

평화시대를 사는 값을 하라는
일성一聲으로

---

* 호학불권: 학문을 좋아하여 책읽기에 게으름이 없음

선교의 문을 활짝 여시고
허공에 금이 가도록 기도하시며
입지立志하시면 화아火蛾가 되어
유불리有不利를 잊으셨습니다

죽음을 통하여 생명이 나오고
자기희생을 통하여 영광의 결실을 보는 것은
자연계나 영계의 공통된
천정의 법칙이라는 어록語錄은
모든 성도들의 금언金言이 되었습니다

독일 문학의 최고봉 괴테는
그의 걸작들을 대부분 80세가 넘어서 썼고
앙드레 지드도 절필絶筆을 선언한 것은
80세가 넘어서였고
소포클레스는 오이디푸스를
팔십 구세에 상연上演 했는데

앞서간 님들 기이지수期頤之壽를
바라보았으니
님이시여 산수傘壽가 되었어도
청년의 젊음으로 강녕康寧하소서
님의 초장에 백세지사百世之師 되소서
거룩한 심지心志로
아직도 님이 되소서

추천평

엉킨 실타래를 푸는 아름다움으로

　이번 「착각의 시학」 여름호에 응모한 강구원 목사님의 약력을 보니 다방면으로 사회참여 활동뿐만 아니라 목회 활동과 교육에 많은 시간을 보내온 이력들이 대단하다. 또한 신앙에 대한 논문집은 물론 설교집도 참 많다. 이처럼 사회적으로나 종교적 활동가로 나름대로 위치를 확보했음에도 불구하고 굳이 시인이 되겠다고 응모한 이유는 그가 보내온 여러 자료들을 통해서 알 수 있다. 그는 이미 대학 시절에 문학 청년이었다. 1972년 8월 시詩 전문지였던 『풀과 별』이라는 잡지에 2편의 시를 당시 저명한 시인들에게 호평好評을 받은 전력이 있다. 그것이 많은 세월이 흐른 뒤에도 계시가 되어 그 꿈을 실현하기 위하여 신인상에 응모를 하지 않았나 하는 생각이 든다.
　그가 응모한 작품 중에서 「안개」, 「솜이불」, 「님의 산수傘壽에 올림」 세 편을 추천한다. 「안개」에서는 시인 내면에 잠재한 화자의 꿈, 또는 그 꿈의 역사 의식이 안개를 통해 작은 외침으로 나타나고 있다 할 것이며, 이러한 안개는 소멸하지 않고 끊임없이 생성하는 우주의 생명 작용으로 이루어진 생명 순환 원리의 한 결정으로 표상된다 할 것이다. 「솜이불」이란 작품은 자신의 어머니에게 갖는 속 깊은 눈물로 서정성 깊은 어머니와의 육화된 공간으로 솜이불을 통해 형상화 하는 내용으로 좋은 점수를 얻었으며, 「님의 산수傘壽에 올림」이라는 목적시에는 님에 대한 지고지순한 존경과 사랑이 가슴을 친다. 깔끔한 문맥과 서정성 높은 운율 처리로 시적 감각을 높였다.

　　세상에 엉킨 실타래를 푸는 아름다움으로 시인의 길을 위해 조심스레 나서는 강구원 목사님께 앞으로 훌륭한 작품이 나오리라는 기대가 충분하여 험난한 시단詩壇에 추천한다.

　　당선을 진심으로 축하드립니다.

추천인
허영만(시인, 목포대학교 명예교수)
마경덕(시인)
김경수(시인, 문학평론가)

'님의 산수傘壽에 올림'
片才 姜求元 詩人의 作詩에 대한 詩評

'흑'하고 일순간 호흡이 끊긴다. 영혼 깊이 스며있던 아름다운 자태가 그대로 분수이듯 쏟아 오르는 시심詩心 때문이다.

거기에다 삶의 회환과 그리움을 일깨우는 인간적인 고뇌의 분위기가 묻어나고 있다.

이 시는 세계의 어둠 속으로 자연의 시선을 언급하면서 삶의 가치를 더 한층 깊이 있게 드려내려는 의도를 품고 있으면서도 무척 겸손함을 보인다.

물론 사랑을 정의하는 방식은 이루 헤아릴 수 없을 만큼 많다. 사람의 생김새와 삶의 양식이 제 각각이듯 사랑의 표현 또한 그러하다.

강구원 시인 식으로 사랑을 정의하자면 그것을 느끼는 순간부터 애절한 그리움이다. 한마디로 뜨거운 눈물이 가슴을 촉촉이 적신다.

'도방고리 한恨에 흐르는 눈물이 야공夜空에 쏟아지는 성광星光을 이기었구나.'

'소절小節을 버리시고 차라리 대절大節을 택하시니 서리 내린 귀밑머리 감추지 않았어도 홍안백발紅顔白髮은 자랑이십니다.'

흘러간 아니 두둥실 떠 부유하던 젊음의 내 사랑이 돌아오고 싶어 하는 사랑의 회귀성을 믿어 주고 싶은가보다.

또한 백발이 그림자처럼 다가오는데도 언제나 홍안임을 인지하며 배려의 말을 잊지 않고 있다. 시인의 겸손하고 자상한 성품이 엿보인다.

하여 다시 올 리 없는, 그런데 아직(끝내) 오지 않는 당신을 은근히 기다리는 마음이다.

지금은 사라진 그 희미한 옛 추억의 풍경들, 등이라도 서로 두드려주며 안아주고 싶은 시간들, 그런 시간이 사뭇 그립다.

그 시간 차마 잊어지지 않는 추억, 시의 제목에 굳이 의미를 붙이자면 "부정父情을 느끼는 감정의 세계"다.

요즘은 스승도 없고 제자도 없는 세상이다. 오직 교사와 학생만 있을 뿐이다. 그런데 시인에게는 이처럼 부정父情을 느끼는 스승이 계시다니 스승도 제자도 모두 행복한 사람들이다.

'군사부일체君師父一體의 소묘素描가 아니라 완성이다. 이 처럼 스승을 존경하는 시인이라면 효심도 지극하고 의지 또한 강한 것은 분명하다.'

'천부의 벽… 불광불급을 실천하시니… 선비의 단아함… 원칙이 분명하시어 혼란이 없으시고 호학불권하시니…'

'밤마다 젖은 눈이 두텁게 내려앉은 어둠의 과거를 훑으시니 왕도王道의 등불…', '허공에 금이 가도록 기도하시며 입지立志

하시면 불나방이 되어 유불리有不利를 잊으셨습니다.'
　가히 신神의 경지에 이른 스승으로 칭송을 한다. 그만큼 시인은 주님의 참 사랑을 몸소 실현하는 구도자求道者임이 언어에서 배여 나온다.
　시인은 동서양을 아우르는 넓고 깊이 있는 학문적 소양을 가졌다. 시인은 시대의 아이러니와 삶의 부조리 역시도 큰 강의 수심水深을 짐작해 보려는 작은 돌팔매질을 하고 있다.
　작은 돌 하나하나를 들어 던질 때마다 주름치마처럼 구겨져 일어나는 파문들, 그러나 이내 본래 자연의 모습으로 돌아가는 물의 표면, 어떤 돌은 한 번을, 또 어떤 돌은 수십 번의 나이테를 그렸겠지만 큰 강물은 수많은 상처와 아픔을 다 끌어안고 더 깊이, 더 멀리 여러 세상과 시대를 흘러오고 또 지나가는 것임을 시인은 예리함으로 통찰하고 있다.
　'님이시여 산수傘壽가 되었어도 청년의 젊음으로 강녕康寧하소서. 님의 초장에 백세지사百世之師되소서.
　도대체 알 수가 없다. 얼마나 훌륭한 인격의 소유자이기에 이처럼 구구절절 뼈에 배인 사랑의 노래가 나올 수 있을까.
　'아직도 님이 되소서'에서는 숙연해지는 마음이 된다.
　사랑은 사랑을 해 본 사람만이 안다. 사랑이 애절한 것은 먼

훗날에 남아있는 것들을, 잠 못 이루는 밤에, 그 불모의 고요 속에, 그 안타까운 기다림을, 너무나 애절한 이별 뒤의 그리움이 훗날 사랑이 내밀한 삶의 기록으로 남기 때문이리라.

　아무튼 이 낯선 방식은 공감의 폭은 좁아지는 반면, 상상력의 폭은 무한대로 넓어지는 듯하다.

　아, 모르겠다. 맞게 읽고 느꼈는지. 아무래도 천재 시인에게 물어보아야 할 것 같다.

深 頌(H.W, AN)

착각의 시학
당선소감

　먼저 심사위원님들께 성급한 감사의 인사를 드립니다.
　2014년 3월 고려신학교 교장 취임식 때 교무처장이 저를 소개하면서 시詩도 쓰시고 수필隨筆도 쓰시는 문인文人이라고 덧붙였습니다.
　1972년 8월『풀과 별』지에 두 편의 시를 호평好評 받은 것이 계기契機가 되어 40년간 녹슬지 않을 만큼 편작片作을 해 왔지만 그 순간 무척 당황했습니다.
　그러던 중 한국시인협회 이애진 시인을 통해『착각의 시학』종합문예지에 저로서는 섭리적攝理的인 인연을 맺게 되었습니다
　당선을 축하드린다는 편집국장님의 전화를 받고 새삼스럽게 이 나이에 책임이라는 결코 잔잔하지 않은 파압波壓을 느꼈습니다.
　군도君道에 보면 세상을 어지럽게 하는 군주君主는 있어도 세상을 어지럽게 하는 나라는 없다有亂君 無亂國는 말이 있습니다.
　따라서 세상을 어지럽히는 시인詩人도 없어야 하고 세상을 어지럽히는 시詩도 없어야 한다고 생각합니다.
　정직하고 진실한 시詩는 어두운 세상의 등불이며 세속과 탐욕에 물들지 않는 시詩는 맛을 잃은 세상의 소금이라고 생각합니다.

사람이 살만한 세상은 의식주의 풍요로움이나 정의사회 구현 같은 정치적 개혁에 앞서 인간들의 희로애락, 생로병사에 아름다운 시상詩想의 배려配慮가 넘쳐나야 된다고 생각합니다.

왜냐하면 시詩는 진실과 정직을 먹고 사는 생명체이기 때문입니다.

비록 늙고 둔한 감상感想이지만 나름대로의 익숙함을 무기로 삼아 저의 각고면려刻苦勉勵를 다짐하면서 저의 졸작拙作을 격려해 주신 심사위원 여러분들과 저에게 사랑과 친절을 다해주신 시인 김경수님과 시인 이애진 님과 편집국장께 저의 사랑과 존경을 다하여 다시 한 번 감사드립니다.

그리고 폐암으로 투병 중인 사랑하는 아내가 당선 소식을 듣고 기뻐하는 그 기쁨이 이 세상 끝날까지 계속되기를…

남태령 南泰嶺

그 옛날 험하고 높은 고개
삼남대로 상에서
첫 번째 맞이하는 큰 고개

본래 이름은 여우고개
전설의 이름은 호현 狐峴
조선 정조가 화성 융릉 隆陵 행차할 때
과천 현 이방 吏房 변씨가 붙인 이름

암행어사가 된 이몽룡이
한양에서 전라도로 갈 때 넘던 고개

엘림이와 인영이가
한양에서 과천으로 갈 때 넘던 고개

칠월 열흘 그리고 아흐레

칠월 열흘 오후 아홉 시
애기의 가냘픈 울음소리는
수줍은 아비와 눈부신 어미를 낳았다
해마다 이맘때면
예쁜 케이크 위로
늘어만 가는 촛불을 타고
사랑이 흘러내렸었지

칠월 아흐레 오후 다섯 시
애기의 눈부신 드레스는
열국의 아비와 열국의 어미를 낳았다
해마다 이맘때면
기다리는 그리움 위로
늘어만 가는 하얀 주름을 타고
감사가 흘러내리겠지

창밖으로 펼쳐진
동해의 일출 위로
아직도 진주보다 더한
영롱한 사랑이 흘러내린다
해마다 이맘때면
맥박처럼 힘 있고
풀무불처럼 뜨거운
찬송이 흘러넘치리라

편운 片雲

어색하게 불러보는 아버지! 아버지!
이 가득한 계절에 그리움도 가득합니다

당신의 이름에다 붙이고 싶은
수사 修辭가 있습니다
이름처럼 높고 아름다운 편운 片雲입니다

자식들 보기에는
당신은 낭만을 노래하는 여유 있는 편운 片雲입니다
그러나
당신 스스로는 자식들에게 항상 미안한 편운 片雲입니다
구름이라면
작열하는 태양의 열기를 막아주고
구름이 되었으면
때를 따라 갈한 대지를 적셔주어야…

당신의 아들과 딸들은
운명처럼 편운片雲밖에 모르고 살았습니다
당신은 내 인생의 지표指標가 아니더라도
당신은 내 인생의 그리움입니다
당신은 내 인생의 자랑이 아니더라도
당신은 내 인생의 존경입니다
누가 감히 묻는 이 없겠지만…

당신은 자신의 한계에 부딪힐 때마다 통곡하셨습니다
당신은 자식을 위하여는 무한의 능력인양 사셨습니다
이제 와서 생각하니 아버지 당신은 편운片雲이었습니다
전설 같은 당신이 오늘따라 무척이나 그립습니다

새해 바람

새해 미명에는 나를 놓아 주소서
떠오르는 태양의 진실이 폭로되었기에

새해 아침에는 나를 메어주소서
의의 태양 주의 진실을 들을 수 있게

새해 오정에는 눈을 감게 해 주소서
마귀의 정체가 폭로되었기에

새해 저녁에는 눈을 열어주소서
주의 나라 영광나라 볼 수 있도록

새해 미명에는 귀를 닫아 주소서
세상의 소리가 도무지 들리지 않게

새해 아침에는 귀를 열어주소서
하늘나라 신령한 노래가 들려지도록

새해 오정에는 마음을 닫아 주소서
나의 가슴이 농락당하지 않게

새해 저녁에는 내 마음을 열어주소서
신랑이 부르는 노래에 내 마음을 주고 싶으니

전설처럼 흰 눈이 내리고
흰 눈처럼 전설이 쌓인다
어릴 때 내 고향 겨울 저녁 운치에
개 짖는 소리는 생략되어도 좋다

소년 시절 내 고향 겨울 저녁 운치에
할아버지 헛기침 소리는 생략되어도 좋다

청년 시절 내 고향 겨울 운치에
굴뚝에서 피어나는 솔향기 그윽한 연기는 생략되어도 좋다

여기 도시의 겨울 저녁에
구색을 맞춘다는 것이 얼마나 사치인가

이대로 만족하다
아~ 흰 눈
아~ 매서운 칼바람
아~ 문고리 대신 수도꼭지가 손에 붙는 겨울 아침

도시에 사십 년 생활에는
봄, 여름, 가을, 겨울 무슨 경계가 있었던가
아침도, 저녁도 그저 그랬었다

사람들의 굉음硡音이
조용한 기지개 봄을 대신하고
황사바람이
신록의 여름을 대신했다

입학시험이
황금 만야의 가을을 대신했고

보금자리 걱정이
백설의 겨울을 대신했다

아름다운 시골의 정치와 맞바꾼 서울에서
상대적 교환가치 치고는 비참하지 않는가
그러나 우리 모두 낙심하지 말아야 할 것은
새해에는
믿음의 사계
사랑의 사계
소망의 사계는 간직하자

맹녀 孟女

사랑이 많아
세월의 때가 묻지 않았고
추억이 많아
역사 歷史가 되었나
그대의 의미가
현자 賢者의 답을 얻는다

밤마다 이슬이 소복이 내려
작열하는 태양의 씨를 간직한다
그대의 육체가 토 吐해내는
가장 익숙한 언어 言語는 애국 愛國이다

약속은 가장 깊숙하고
사랑은 가장 빠르다
속삭임은 최고의 흥분 興奮이고
기다림은
영혼의 아픔이다

아침은 바람처럼 가볍고
낮은 무지개처럼 우아 優雅하고
밤은 어린아이 숨결이어라

눈에 보이지 않는
아름다운 혼魂이여
너에게 아직 이름이 없다면
맹녀孟女라고 부르리
오늘따라 창밖에는 더운 비가 내린다

월하여심 月下女心

한가위 붉은 달빛 아래
늙은 봉숭아꽃 곱게 찧어
딸아이 손톱에
소복이 얹고
실로 총총 동여매며
여심女心은 소원을 비네

우리 아이 손톱에
곱게 드린 물
초승달 손톱 되거든
님이여!
깨는 잠처럼 일어나소서

우리 아이 손톱에
곱게 드린 물
반달 손톱 되거든
님이여!
잠시 나들이 갔다 온 것처럼
헛기침 소리 내며
싸리문 열고 들어오소서

우리 아이 손톱에
곱게 드린 물
보름달 손톱 되거든
님이여!
우리가 일구어 놓은
재 너머 돌짝밭에
가을걷이 갑시다
한가위 붉은 달이
오늘따라 구름을 비켜 가는가

나의 노래

그대여!
곤륜산崑崙山에 옥玉이 되어
화마창궐火魔猖獗 하더라도
타지를 마오

그대여!
오뉴월 삼복三伏더위
조강糟糠이라도
변하지 마오

그대여!
삭풍한설朔風寒雪에
낙락장송落落長松 되어
푸르름을 잃지 마오

그대여!
오상고절傲霜孤節에
한송이 국화菊花 되어
그 향기를 잃지 마오

그대여!
홍안백발 다홍치마
설중매雪中梅
인동초忍冬草는
그대의 아름다움이요

그대여!
기억해 주오
우리는 늙지 않고
조금씩 영글어 가고 있다는 것을

그대여!
잊지 마오
저 높은 곳을 향해
함께 가야할 사람
오직 그대뿐이라는 것을

그대여!
사랑하오
나의 혼을 다하여
진정 사랑하오
내 혼이 다 하는 날에도

맹춘 여행 孟春 旅行

봄을
준비하는 대지大地는
싹 쓸어 놓은
앞마당 같다

봄을
맞이하는 숲은
속이 다
들여다 보인다

봄을
기다리는 개여울은
수정같이 맑고
은하銀河처럼 흐른다

봄은
깨끗하고
정직正直하고
겸손謙遜한 자者의 것이다

하나님의 기쁨 조엘

너는
이 세상에 가장 강력強力한 군주君主다
우리 모두의 이름을 바꾸었으니

너는
이 세상에 기쁨이다
우리 모두를 웃게 했으니

너는
이 세상에 가인佳人이다
우리 모두를 감격感激하게 했으니

너는
정녕 이 세상에 하나님의 기쁨
조엘(JoElle)이어라

천만인의 어미

너는
하나님의 기쁨을 낳기 위해
엘림이 되었나보다

너는
우리 모두의 군주를 낳기 위해
천만인의 어미가 되었나보다

너는
우리 모두의 웃음을 낳기 위해
열두 샘이 되었나보다

너는
우리 모두의 감격을 낳기 위해
칠십 주 종려나무가 되었나보다

아가야 장하다
엘림아 고맙다
어미야 사랑한다

너는
정녕 사막의
오아시스이어라

기근만리 飢饉萬里

'잠발레스' 샘이
목마르다고 하네
'임뻬라뜨리쯔' 물이
갈증이 난다고 하네

먼지 나는 밭에는
허기진 옥수수들이
본래의 제 모습을
그리워하는가

그래도 쑥 뽑으면
어김없이 올라오는
만주오카가 있어서
흰 웃음을 잃지 않았다

황혼마저 이고 가는
'수단'의 여인은
운명처럼 임신을 해야
배가 부른 줄 아는가

'티보라' 아이들은
우물물이 처음부터
우윳빛인 줄 아는가

'툼모' 사람들은
갈대지붕 아래 살아가는
문명적 한계 앞에
수줍어하지도 않는다

'카발로' 사람들은
앙상한 뼈마디가
본래의 제 모습인 양
서로의 영혼을 향해
전설 같은 미소를 보낸다

때가 이르러
이 땅에 기근을
보낸 이가 있다는 것을
현자賢者들은 다 알고 있었나

양식이 없어
주림이 아니다
물이 없어
갈함이 아니다
그 끈질긴 약속을
듣지 못한 기갈飢渴이어라

낡은 고깃배 한 척

썰물을 민다가 질펀하게 누웠다
무엇을 건지려다 저렇게도 지쳤는고
어느 먼 길을 갔다가 저렇게도 벗었는고

고물에 스치는 미풍에도 괴로운가
돛대에 걸려있는 빈 그물에도 무거운가
어느 험한 곳에 다니다가 저렇게도 야위었는고

갯가의 눈부신 새들의 노래에도 흥을 잃었다
포구에 이는 작은 여울에도 몸서리쳤나
누가 보낸 파도와 싸우다 저렇게 희어졌는고

목 놓아 기다리는 아내들 들리지 않는가
흐르기도 전에 증발蒸發했던 때를 후회하는가
어느 가혹한 세월을 만나 저렇게도 늙었는고

때를 먹고 사는 밀물이 찾아와 일으켜 세웠다
아! 온갖 종류의 바다새들이 활공滑空을 한다
방향을 잃은 바람이 차라리 흥겹기만 하다

누가 객쩍게도 속차려서 살라고 했는가
포구의 배들은 아직도 누워있는데
위험했지만 어제는 뒷서기를 잘했다
오늘은 밀물이 썰물을 이겼다

한국신춘문예 심사평

　한국신춘문예 2016년 봄호 시부문 당선작으로 강구원 님의 '기근만리' 외 2편을 선정한다.
　인간 세계는 물질과 정신 즉 가치를 추구하는 것으로 양분되어 역사를 이루어 왔는데, 문학은 인간의 언어가 시작되면서부터 역사의 원천적인 에너지로 자리잡아 왔다고 해도 과언이 아니다.
　특히 문학 중에서도 시詩는 그 힘이 대단해서 시로부터 출발한 언어의 힘은 인류 역사를 변화시키고 발전시켜 온 시발점이 되었다.
　시는 일반적으로 사물시와 관념시로 분류하게 되는데, 이것은 바로 물질과 가치의 대비라고 할 수 있다.
　강구원 님의 18편의 응모시 대부분이 관념적 시로 일관되고 있는 점이 특이할 만하다. 아마 시인의 직업상 목회 활동을 하는 분으로서의 일상에서 이루어진 평상적 요소가 많이 작용했으리라는 추측을 해본다.
　관념시는 독자로 하여금 바로 감성과 이성을 파고들어서 작가의 주관적 개념이 이해되어 좋은 시로 남으리라고 생각한다.
　이러한 관점에서 강구원 님의 시들은 아름다운 언어와 부드러운 흐름의 바탕 위에 잘 지어진 우수작이라고 하겠다.

「기근만리」맨 마지막 연의 마지막 행이 그 끈질긴 약속을/듣지 못한 기갈이어라-라고 읊은 점과, 역시 「낡은 고깃배 한 척」에서도 마지막 연의 마지막 행 부문이 위험했지만 어제는 뒷서기를 잘했다/ 오늘은 밀물이 썰물을 이겼다- 라고 읊고 있는데, 시인의 관념적 시가 이곳에 이르러 독자로 하여금 어느 정도 작가의 주관적 개념을 이해하도록 해 주고 있다.

시의 흐름을 알고, 오랜 세월 창작해 온 시인의 문력文曆이 엿보인다.

강구원 시인을 한국신춘문예 예선 심사위원으로 위촉하며 아무쪼록 더욱 천착穿鑿하여 아름다운 시로 대성하길 기원해 본다.

심사위원
엄원지, 김성호, 석정희

사모思慕의 세레나데夜曲

관동천리關東千理 두메산골
물과 산이 겹친 사이로
황혼이 짙어 오면
혼자라는 서러움에
야공에 별빛마저
사치스럽다

배산임수背山臨水 무엇이며
좌청룡左靑龍 우백호右白虎는 무엇인가
칠거지악七去之惡은 무엇이며
오복五福 횡재橫財는 무엇인가
무자식 상팔자 옛말이라 좋으련만
귓등으로 듣기에는 노여움이 앞서누나

누가 먼저라고 할 것 없이
너 먹고 날 먹이고
날 먹고 너 먹이고
너 덮고 날 덮이고
날 덮고 너 덮이고
난바다遠海 쪽배에 한 많은 몸을 싣고
백사지白沙地에 앉아 지게미 먹더라도
사는 날 동안

너 그리고 나
눈 열고 귀 열고 마음마저 활짝 열어
서로 의지하고 사는 날까지 살아갈 이유
반포지효反哺之孝 전설 될까
두려워서가 아니라오

효단 曉旦

어두움을
삼키는 건
불이 아니다

어두움을 이기는 건
빛이 아니다

어두움을 보내는 건
먼동이 아니다

어두움을 삼키는 건
겨울 아침
오줌장군 지고 가는
농부의 가쁜 숨소리다

어두움을 이기는 건
시골 작은 예배당에서 들려오는
깨진 종소리다

어두움을 보내는 건
대문 안쪽에 정확하게
던져놓는 신문배달부의
기합소리다

새벽의 의미는
곤한 잠에서 깨어나
무엇에 놀란 듯이
어머나 늦었네 하는
엄마의 쓴웃음 속에 있다

아침 1045의 세상(I)

엄마 엄마 엄마!!
엄마 나 엄마 사랑해
엄마도 나 사랑하잖아
엄마! 내가 엄마 사랑하는 줄 엄마도 알잖아

그런데 엄마 왜 날 버리고 가는 거야
엄마! 엄마! 왜 날 버리고 가는 거야 말해봐!
나도 엄마 따라 갈래. 나도 엄마 따라 갈래
엄마 가는 곳이 어디야

이보다 더 슬픈 것은
그 시간 혜빈이가
자기 슬픔을 표현할 시간과 공간이
엄격히 제한되어 있었다

아침 1045의 세상(Ⅱ)

엘림아 빨리와! 엄마가 위독해
엄마가? 알았어. 아빠! 엄마!
어디야? 30분이 지났는데…
이제 조엘이와 택시 탔어

어디야?
택시를 잘 못 타서 운전기사가 엉뚱한 데로 가
어디야?
성산대교라고 쓰여 있어
한 시간이 넘었다 어디냐?
아직도 가고 있어 아빠, 독촉하지마

울지마 엘림아! 어디야?
이제 종로 5가야
아빠 나도 지금 최선을 다해 가고 있단 말이야
조엘이가 보채 아빠
아빠 내가 우니까 택시 아저씨가 울지 말라고 겁을 줘

어디냐?
아빠!
자꾸 전화하니까 택시 아저씨가 울지 말라고 소리 지르니
조엘이도 울어

어디냐?
이제 다 왔어. 서울대 병원 정문이야
응급실로 빨리와
엘림아! 빨리 내려 조엘이를
조엘이 할머니한테 맡겨라

엄마 엄마! 아빠 엄마 왜 이래?
이보다 더 초조하고 숨 막히는 것은
엄마의 호흡이 엘림이의 호흡이었고
엘림이의 호흡이 조엘이의 울음이었다

맹녀孟女의 매력

차가운 눈을
좋아하는 맹녀孟女여
녹을 줄도 아는 것이
그대의 매력이어라

하얀 눈을
좋아하는 맹녀孟女여
밟힐 줄도 아는 것이
그대의 매력이어라

겨울을 위해 살다가
겨울을 위해 죽어도
후회하지 않는 맹녀孟女여
나 그대의 매력에
정녕 후회하지 않으리

영원한 그 이름

일주일에 한 번씩 만나는
임진강은
붙잡을 수 없는 속도로
소용없는 단호함으로 흐른다
흡사 우리 어머니의 삶 같다

태어나 줄곧 엄마라 부르던 나는
하사관 훈련소 기초 훈련이 끝나고
첫 면회가 있을 때
나는 익숙하리만큼 태연하게
어머니라고 불렀다
그 후로 나는 엄마와 어머니를
장소에 따라 다르게 불렀다

나는 어머니가 임종을 할 때
어머니라 부르지 않고 엄마라고 불렀다
숨이 다하는 어머니 얼굴에
내 얼굴을 맞대어 부비며
엄마 잘 가세요
미안해요 엄마

용서해달라고 하지 않을게요
엄마는 언제나 나를 향해 용서 그 자체니까
용서해달라고 하면 오히려 멀어지는 것 같고
엄마 본래 이름이 아닌 것 같아서였다

청출어람青出於藍이라 했던가
불효가 되어도 어쩔 수 없다
나는 지금도 여전히 엄마보다 작고
나는 여전히 엄마의 도움이 필요하고
엄마는 영원한 나의 교과서이고
나는 엄마보다 나은 것이 하나도 없다
엄마는 평생 안겨도 싫지 않은
내가 안길 영원한 품이다

이제는 엄마와 함께할
다른 자리도 없고
그래서 나는 영원히 엄마라고 부르기로 했다

> **강구원 시인 작품론**
> 이늦닢 시인

나의 심장, 경애敬愛로운 당신을 위한 세레나데
−강구원 시詩 숲길 걷기

볕 좋은 봄을 지나 성하의 문턱에 이른 오월의 마지막 주.
  추적추적 내리는 빗속에 낙화한 장미의 붉은 선혈로 담장 밑마다 아우성일 때 강구원의 시詩, 「사모思慕의 세레나데夜曲」와 몇 편의 시를 마주하고 앉았다.
  이생에서의 부부의 인연은 끝났어도 빗속에 갇힌 임의 향기는 여전해 사방을 기웃거리며 그리움의 흔적을 시詩의 행간마다 채워보는 밤이다.

    관동천리關東千里 두메산골
    물과 산이 겹친 사이로
    황혼이 짙어 오면
    혼자라는 서러움에
    야공에 별빛마저
    사치스럽다

    배산임수背山臨水 무엇이며
    좌청룡左靑龍 우백호右白虎는 무엇인가
    칠거지악七去之惡은 무엇이며

오복五福 횡재橫財는 무엇인가
무자식 상팔자 옛말이라 좋으련만
귓등으로 듣기에는 노여움이 앞서누나

누가 먼저라고 할 것 없이
너 먹고 날 먹이고
날 먹고 너 먹이고
너 덮고 날 덮이고
날 덮고 너 덮이고
난바다遠海 쪽배에 한 많은 몸을 싣고
백사지白沙地에 앉아 지게미 먹더라도
사는 날 동안
너 그리고 나
눈 열고 귀 열고 마음마저 활짝 열어
서로 의지하고 사는 날까지 살아갈 이유
반포지효反哺之孝 전설되도록
소생所生들이 우리를 기다리기에―
―「사모思慕의 세레나데夜曲」 전문

  풍수지리 상 망자를 모시기에 최적의 장소인 배산임수背山臨水 그리고 좌청룡 우백호.
  강원도 배산임수背山臨水 명당이 떠난 임을 모셨건만 야공夜空에 움트는 별조차 민망스럽다는 시인은 영원한 죄인의 모습으로 날마다 사모의 세레나데를 하늘로 띄운다.
  천명을 저버리고 어떤 연유로 세상의 끝을 놓았는지는 모르지만 시詩의 행간마다 살을 에는 아픔이 강한 빗줄기처럼 쏟아져 흐르고 있다. 인연설에 의하면 부부의 연은 우연이 아닌 필연으로 이생에서 부부로 연을 맺으려면 전생에서 오백생을 거듭하면서 인연을 맺어온 결과라고 했다.

이 필연을 뒤로하고 너 죽고 나 살고, 나 살고 너 죽는다면 생生의 무슨 의미가 있을는지.

고뇌의 세상, 난바다 쪽배라도 함께 오른다면 두렵지 않을 생이건만 소생 반포지효의 덕은 어이하고 관동천리 두메산골에 저 홀로 누웠음을 보며 서러움의 경지를 넘어 이제는 노여움이 파도처럼 밀려오고 있음을 고백하고 있다.

다음은 그의 시 「효단曉旦」에서 떠난 임의 애잔한 웃음을 상기시켜 보기로 하자.

    어두움을
    삼키는 건
    불이 아니다

    어두움을 이기는 건
    빛이 아니다

    어두움을 보내는 건
    먼동이 아니다

    어두움을 삼키는 건
    겨울 아침
    오줌장군 지고 가는

농부의 가쁜 숨소리다

　　어두움을 이기는 건
　　시골 작은 예배당에서 들려오는
　　깨진 종소리다

　　어두움을 보내는 건
　　대문 안쪽에 정확하게
　　던져놓는 신문배달부의
　　기압소리다

　　새벽의 의미는
　　곤한 잠에서 깨어나
　　무엇에 놀란 듯이
　　어머나 늦었네 하는
　　엄마의 쓴웃음 속에 있다
　　　-「효단曉旦」전문

　　빛과 어두움-
　　이 자연계 영구불변의 원리를 뒤로하고 시인은 "인간을 창조하고 보기 좋았다"라고 하신 창조주를 염두에 두었는지 오줌장군 지고 가는 농부의 가쁜 숨소리와 시골 작은 예배당에서 들려오는 깨진 종소리, 새벽 시간 대문 안쪽에 정확하게 던져놓는 신문배달부의 기압소리와 곤한 잠에서 조금 늦게 일어난 아내의 "늦었네!" 하는 멋쩍은 미소를 우선시하고 있다.
　　이는 치열한 삶을 살아내고 있는 인간의 애환을 숭고한 시선의 안목으로 화자는 바라보고 있는 걸게다.

　새벽은 삼라만상이 나른했던 시간의 휴식을 서서히 마무리하고 새날을 맞이하는 준비하는 단계, 곧 동이 틀 무렵의 시간대는 몹시 어둡고 추운, 즉 기운이 가장 강하게 나타나는 시간대라고 한다.

　그의 시詩, 「효단曉旦」2연에서 '어두움을 이기는 건/ 빛이 아니다'라고 했다. 빛과 어둠을 바라볼 때 이는 자연 순환원리에서 선뜻 논할 수 없는 영역일진대 시인은 이를 논하며 슬쩍 임의 미소를 모셔와 내세우며 빛과 어둠을 무기력화시키는 사랑의 재치를 보이고 있다.

　그리스 신화에서 새벽의 여신 에오스는 두 마리의 말 마차를 몰면서 밤의 장막을 걷어내며 인간 세상에 장미꽃 잎을 뿌리는 시간을 새벽이라고 말하고 있다.

　시詩, 「효단曉旦」마지막 연에서 '새벽의 의미는/ 곤한 잠에서 깨어나/ 무엇에 놀란 듯이/ 어머나 늦었네 하는/ 엄마의 쓴 웃음 속에 있다'라고도 했다. 진즉에 일어날 시간을 놓치고 겸연쩍게 웃으며 생기발랄한 미소로 여명의 창을 여는 여인이 있지 않은가. 뻗치듯 강한 첫새벽 기운을 무기력화시키고 달과 해를 아우르는 이 박꽃 같은 순전한 성정의 여인이 바로 새벽의 여신이고 시인의 임이 아닐까 생각해 본다.

　다음은 그의 시詩, 「아침 1045의 세상Ⅰ」, 「아침 1045의 세상Ⅱ」의 숲속을 걸어가 보자.

　시詩, 〈아침 1045의 세상Ⅰ〉 8, 9, 10 행 '엄마 가는 곳이 어디야/ 이보다 더 슬픈 것은/ 그 시간 혜빈이의 슬픔이 갇혀 있었다'.

시詩, 〈아침 1045의 세상Ⅱ〉 24행과 25행에서는 '이보다 더 초조하고 숨 막히는 것은/ 엄마의 호흡이 엘림이의 호흡이었다'라며 숨이 턱에 차오르는 임종의 마지막 순간을 함께 하는 가족의 처절함을 시詩의 행간마다 붉게 물들이고 있다.

이승의 마지막 삶의 끈을 잡고 촌각을 다투는 어머니의 모습을 지켜보는 일이란 모든 일상이 고정되어 멈춰버린 시계추와 같지 않을까.

바라보는 눈동자가 멈추고 호흡이 멈추고 그 고통을 함께 하지 못해 엄습하는 자책감은 쓰나미처럼 몰려오고…

얼마나 많은 사람들이 황당하게 다가온 이별이라는 단어 앞에서 파멸의 아픔을 겪고 몸부림치고 있는지, 아픈 기억의 추는 왜 그리 부산하게 돌아가는지.

신은 인간에게 죽음이라는 혹독한 벌을 주시고 이 과정을 지켜보고 계시는 건 아닌지. 하지만 죽음도 삶의 한 과정이라고 마음 다독거려 보면 좀 편해지지 않을까.

모든 것은 태어나고 자라고 번창하다 결국 그 뿌리로 돌아간다는 노자의 말씀을 위안 삼아 남은 자들이 고통스러운 기억을 잊고 조금이나마 행복했으면 하는 마음이다.

당신이 없어도 우리는 당신을 잊지 않고 사랑하고 있다고 말해 준다면 여인의 무덤가엔 한 송이 꽃이 환한 미소로 피어나지 않을까 기대해 본다. 이 세상 어떤 단어보다도 '사랑'이라는 단어의 이름으로 모든 것은 이해와 용서의 장을 펼치며 어두움을 빛으로 덮을 수 있으리라 생각해 본다.

이번엔 시인의 첫사랑 「맹녀孟女의 매력」이라는 시詩의 숲길을 걸어가 보자.

    차가운 눈을
    좋아하는 맹녀孟女여
    녹을 줄도 아는 것이
    그대의 매력이어라

    하얀 눈을
    좋아하는 맹녀孟女여
    밟힐 줄도 아는 것이
    그대의 매력이어라

    겨울을 위해 살다가
    겨울을 위해 죽어도
    후회하지 않는 맹녀孟女여
    나 그대의 매력에
    정녕 후회하지 않으리
    -「맹녀孟女의 매력」 전문

  첫사랑의 여인이었으면서도 영원한 임을 시인은 애칭처럼 친근하게 맹녀라고 부르지 않았을까.
  이겨내야 할 현실의 틈새에서 뼈 시린 고통도 감내하며 인내의 삶을 살았을 여인, 맨발로 설원에서 환하게 미소 지었을 그녀의 삶은 늘 헌신의 이름표를 달고 허리 펼 새 없이 바쁘고 고달팠으리라 생각된다.
  사랑은 무조건 주었을 때 풍요로워진다는 말씀을 몸소 실천한 그녀 덕분에 그녀 주변은 늘 봄볕처럼 따스하고 가을볕처럼 은혜로웠을 것이다.

그의 시詩,「맹녀孟女의 매력」1연 3~4번째 행에서 '녹을 줄도 아는 것이/ 그대의 매력이어라'와 2연 3~4번째 행에서는 '밟힐 줄도 아는 것이/ 그대의 매력이어라'라고 시인은 맹녀孟女의 매력은 아마도 어떠한 환경에서도 잘 적응하는 낙천적인 순응의 여인이 아니었던가 생각된다. 순응은 순종과는 달리 부드럽고 온화한 기질을 가졌다고 볼 수 있기 때문이다.

여기에서 불행은 먼 거리의 이야기이고 맹녀와 함께한 시인의 시간들을 짐작해본다면 무척 행복하고 평안한 삶의 안식처였을 것이다.

그리고 시詩, 3연의 1,2,3행에서는 매사에 적극적이었던 그녀를 만나 볼 수 있다.

'겨울을 위해 살다가/ 겨울을 위해 죽어도/ 후회하지 않는 맹녀孟女'라고 적고 있다. 맹녀孟女를 만나보자면 자기희생도 마다 않고 멈출 줄 모르는 혹독한 삶의 현장에 자신을 던진 불사조 같던 여인이라고 생각되며 시인은 이 맹녀孟女를 애모하며 회상하고 있다.

끝으로 그의 시詩,「영원한 그 이름」을 만나보자.

시詩, 1연의 행을 보자면 '붙잡을 수 없는 속도로 소용없는 단호함으로'라고 적고 있다.

흐르는 강물은 늘 고요해 보이지만 깊이를 알 수 없다. 세상 모든 생태계는 생존과 존재 자체를 알리는 무언의 신호를 보내고 있다. 그러면서 그 내면엔 소용돌이가 일고 작은 충돌이 수없이 일어나고 있을 것이고 하지만 부는 바람을 잠재울 자는 힘이 아닌 지혜로, 남자가 아닌 여자, 여자가 아닌 여인, 여인이 아닌 아내, 아내가 아닌 바로 어머니(엄마)라는 이름이 아닐까 생각한다. 우리는 그 품속을 파고들며 영원한 사랑과 용서의 대명사인 '엄마 엄마'라고 부르며 세파의 찌든 삶을 내려놓고 피곤한 몸을 누인다고 볼 수 있다.

시詩, 2연의 1~2행에서는 '평생을 서서 일한 엄마는 강이 되었으면 좋겠다/ 강처럼 누워서 자유롭게 편안하면 좋겠다'라고 전하고 있다.

잔잔히 흐르는 강을 보며 시인은 임에 대한 보상심리로 평생 서서 일했으니 이제는 강처럼 누워 쉬라고 권하고 있다. 어쩌면 자기 위안적인 언사일지도 모르지만 이렇게라도 해야만 마음이 평안해지는 시인.

프랑스의 여류 작가 보부아르의 저서 '제2의 성'에서는 숨 쉴 틈 없는 주부의 생활을 굴러 떨어지는 바위를 끝없이 위로 밀어 올려야만 하는 그리스 신화의 시시포스의 형벌과 비교하고 있다.

시인, 강구원!

그는 오늘 밤도 달과 별을 보며 관동천리 배산임수背山臨水에 모신 임을 향한 사모思慕의 세레나데를 목청껏 부르고 있을 것이다.

모든 것을 가슴으로 받아들여 느끼고 소화하는 지혜로운 여성을 만난다는 것은 신이 주신 축복이다. 강구원 시인의 시詩 전반에서 시리도록 절절히 전해지는 핵심은 어떠한 연유로 인해 사랑하는 임을 떠나보낸 아픔이 시詩의 맥 속에 녹아 흐르고 있다는 것이다.

떠난 자의 그림자로 포위된 남겨진 자의 삶, 그 경련의 시간 속엔 우울한 비가 내렸고 시인의 시詩를 마주한 필자의 가슴에도 비가 내렸다.

하지만 태양은 먹구름 뒤에서도 여전히 빛나고 있으므로 우리는 아쉽지만 우산을 접어야 하지 않을까.

시인의 건운과 건필을 빌며 깊어 가는 밤.

이쯤에서 펜을 놓는다.

자유로自由路 가는 길

여기 바다이여도 좋은
늙은 강江 하나 누워있다
물줄기가 굽어서曲 흐른다고 하河라고 한다
물줄기가 바로直 흐른다고 강江이라고 한다
바다는 하河와 강江을 자신을 낮추는 겸손으로
모두 지배하고 있다

뿌연 먼동 속으로 전설이 피어난다
자유로路 코스모스는 물안개가 있어서 아름답다
늦가을 물안개가 몇 번쯤 반복되면
자유로 코스모스는 오상고절傲霜孤節 국화菊花의 전설 속으로
하나 둘씩 수줍어 사라져간다

자유로 가로등이 새벽잠에 못 이겨
맥을 놓고 그만 졸고 있다
밤새도록 어두움과 싸우다가 피곤한가
아니면 밤을 밝히다가 피곤했던가

어느새 동녘이 잠에서 일어나 기지개를 켜면
가로등도 쉴 때가 되었나보다

사명이란 저렇게도 혼자인가
어느새 가로등이 반쯤 꺼졌다
또 반은 언제쯤 쉴런고…

만추지절晚秋之節인가
맹동지절孟冬之節인가
단풍진 산하山河를 보면
맹추지절孟秋之節이 뚜렷한데

그 옛날 이맘때가 되면
우리 어매母 마음은 삭풍朔風이 살을 에는
엄동설한嚴冬雪寒이다
그 옛날 이맘때가 오기 전에
우리 아부지父 마음은 벌써 봄이다
밭에 뿌릴 온갖 종류의
씨앗의 비밀을 들여다보고 계신다

내 아내 향년 육십 세
세월의 고민만큼 이목구비가
세련되게 늙어서 좋다

맹동낙엽 孟冬落葉

낙엽은 바람에 떨어지지 않는다
낙엽은 비에 젖어 떨어지지 않는다
낙엽은 추위에 못 이겨 떨어지지 않는다
낙엽은 다른 낙엽에 눌려서
떨어지지 않는다

낙엽은 낙엽이기 때문에 떨어진다
낙엽이 외부의 힘에 떨어지면
처음부터 낙엽이 아니다

낙엽은 파상될 수 없는 생의 역사다
낙엽이 아름다운 이유가 여기에 있다

센 머리 앞에 일어서는 이 없어도
백발은 영화의 면류관이다
내 나이 몇 날 모자라는 육십 삼년
나는 이미 낙엽인가…
곱게 물들어 가고 있는가…

부탁받은 삶

예수님 십자가상에서
사랑하는 제자에게
어머니를 부탁했다

비 내리는 호남선으로 더 잘 알려진
가수 손인호는 장남에게
엄마 엄마 하며 자기 아내를 부탁했다

평생에 사모하던 하늘나라 가기 전에
미국에 있는 함신자 사모에게
목사님을 부탁한다고 했다

청죽처럼 정직했던 혼은 세상길 떠나기 전에
캐나다에 있는 형제들에게 엘림이 아빠를 부탁한다고 했다

순진하기 이를 데 없는 혼은 먼 길 떠나기 전에
마산에 있는 친구에게 내 남편을 부탁한다고 했다

이 못난 사람 어디 부탁받을 곳이 없어서
이 땅에 수고를 다하고 떠나려는 아내에게…

이 부끄러움을 모르는 사람 어디 부탁받을 곳이 없어서
못다 한 아쉬움 안고 떠나려는 아내에게…

이 파렴치한 사람 어디 부탁받을 곳이 없어서
앙상하게 여윈 살 중의 살에게…

이 철딱서니 없는 사람 어디 부탁받을 곳이 없어서
아무런 미련 없이 떠나는 뼈 중의 뼈에게…

이 망할 사람 어디 부탁받을 곳이 없어서
이제 막 돌 지난 어린 자식 안고 있는 딸을 두고 떠나는
아내에게…

이 무능한 사람 어디 부탁받을 곳이 없어서
철없이 어리광 부리는 딸을 두고 떠나는 아내에게…

이 한심한 사람
어디 부탁받을 곳이 없어서
육신이 타는 고통을 애써 참고 있는 아내에게…

벙거지 모자
오래 된 '미쏘니 머플러'
물들인 군복 잠바 입고
당신의 눈에 익숙한 모습으로
또 이 겨울을 사는 것은
내가 당신을 부탁할 사람이 없어서인가…

자유로의 겨울 갈대

겨울 갈대는
을씨년하다
겨울 갈대는
무질서하다

임진강의 매서운 칼바람
개성공단의 숨 가쁜 왕래
낯익은 사람들의 무관심에 분노하는가
겨울 갈대는 분노한다
이리저리 헝클어진 채로
그 누구의 지배도 원치 않는다

아~
다시 푸른 계절이 오면
자유로의 갈대는
낭만의 춤사위를
유감없이 보여 주려나

주유산하 周遊山河

늙은 눈으로 보는
희한稀罕한
산천초목山川草木

왜
젊은 눈에는 보이지 않았든가

이럴 줄 알았으면
눈이라도 늙을 것을…

사랑의 세레나데

석양에 지는 해에 님의 얼굴 새겨놓고
흩날리는 님의 머릿결은
늦가을 출렁이는 억새를 닮았구나

저 포구의 빈 배야
무엇이 즐거워 물 위에서 춤추나
내 맘도 물결 따라 흘러 흘러
춤사위 뽐내며 한 세월을 추억하네

내 사랑은 오늘도 무엇을 먹고 사는가
사랑에 목 말라하는 나는

사랑이 고갈되어서가 아니다
나 같이 많은 사랑을
안고 사는 사람도 없을듯한데
그래도 나에게 사랑의 세레나데를 불러줄 사람은
오직 그대 하나뿐이라오

그 사랑이 오늘밤도 나를 적시네
그 사랑이 오늘밤도 새벽을 깨우네
그 사랑이 오늘밤도 흐르기도 전에 증발시키네

아~
사랑아 내 사랑아
이제 그만 행패를 멈추어라

우중애가 雨中愛假

나는 낮에도 나보다 작고
나는 밤에도 나보다 약하고
나는 내일도 나보다 볼품없고
그래도
나를 나 되게 하는 이가 있다

당신은 낮에도 나보다 크고
당신은 밤에도 나보다 강하고
당신은 내일도 나보다 아름답다
그래도
나를 나 되게 하는 이가 있다

당신은 천상의 도움으로 세상을 사는데
나는 천상에 빚지고 세상을 사는구나
그래도
나를 나 되게 하는 이가 있다

내 사랑은 바로의 병거와 준마 같고
내 사랑의 목은 구슬처럼 아름답다
내 사랑은 엔게디 포도원 고벨화 송이 같고
내 사랑의 입술에서는 꿀방울이 뚝뚝 떨어지는구나

내 사랑의 의상에는 레바논의 향기가 진동한다
내 사랑의 유방은 승리자가 지키는 화평의 망대 같다

이제 그만 내 손을 잡아주오
이제 그만 내 마음을 소유해주오
당신의 콧김은 사과 냄새 같고
당신이 웃을 때 드러나는 치아는
갓 쪼개어 즙이 흐르는 석류 같다
이제 우리의 침상에 자욱한 먼지를 털고
호주산 실리(sealy) 침대에 당신과 나의 몸을 던지고
이태리산 베드 스프레드(bassetti)요와 이불로
엿보는 자 없도록 감싸 덮고
이 세상에서 유일한 잠을 청해보자

당신의 사랑이 나의 힘을 돕고
나의 사랑이 당신의 아름다움을 더하리라
이 땅에 우리를 알고 있는 사람들아
우리 주위에 있는 온갖 소리들아
제발 부탁한다
내 사랑이 원하기 전에는
흔들어 깨우지 말아다오

가을과 겨울 사이

낙엽이 매달리는 소리
낙엽이 떨어지는 소리
낙엽이 굴러가는 소리
낙엽이 밟히는 소리
흡사 가을과 겨울 사이에서
어머니가 애타게 날 부르는 소리 같다

온종일 어머니의 젖은 손이 그립다
밤이 오면 어머니의 부르튼 손이 아름답다
사랑이란 이름으로 나를 자주 흐르게 했던
어머니의 거친 매가
나의 행복이었다
오늘따라 나의 메마른 고독이
가을과 겨울 사이에 또 하나의 계절을 만든다

아픈 이별

저 멀리 조각구름 북한산에 머물고
인왕산 아래 고궁에는 봄기운이 벅차다
품에 안은 어린 것도 길을 재촉하는데
못다 한 사랑 물어보지도 않고
당신은 왜 날 버리고 쫓기듯이 어디로 가는 겁니까

지금까지 말 못 했지만
당신의 책망은 나의 길이었어요
당신의 사랑은 나의 꿈이었어요
당신의 말없는 정은 나의 삶이었어요
당신의 기다림은 나의 전부였어요

당신과 함께 손잡고 서로의 사랑을 엮어가며
힘겹게 거닐던 창덕궁의 위풍도 한갓 초가로구나
현자들의 섬세한 손길에 인사도 없이
긴장과 초조함의 거친 환경마저 다 삼켜 버리시고

하필이면 이런 날 길 떠나가신 엄마
목 놓아 불러도 대답 없는 그 이름 엄마
나의 생애 굽이굽이마다
나에게 가장 익숙한 말
엄마- 엄마- 엄마-
나에게도 엄마가 있었어요

섣달그믐 삼월 열흘

섣달그믐이 내 마음에
서러움은 어머니의
계절이기 때문이어라

물 항라 저고리에
청모시 옷고름 달고
표리表裏 치마 두루시고
수정그늘 지우시며 외길 가시던 님이시여

눈물 골짜기에 달빛이 싫어
적막寂寞한 초가의 뜰에
숨어있는 전설을 따라
청모시 옷고름에 눈물지으실 때
밤은 깊으라

어느 장인이 만들었는가
대를 이어온 소박한 무쇠솥
낡은 행주로 닦으면
김인지 연기인지 알 수 없는
그 솥에서 우리 삼남매 배꼽 자랐네

산수傘壽의 발걸음은 흔적이 없어도
이 땅에 올곧은 역사 두고 가니
더 무엇을 바라리오

이렇게 날이 궂으면
혼자 외로우신 어머니 생각하오
누군가를 애타게 기다리는
명절이 가까워 오면
혼자 쓸쓸하신 어머니 생각하오

섣달그믐
우리 어머니
배냇저고리 입으시고
소리 내어 울던 날

삼월 열흘
항라亢羅단삼單衫 두 손에 받쳐 들고
내가 통곡하던 날

오늘도…

이 땅에 있는
모든 수사修辭를
다 동원해도

사랑의 아픔
이별의 슬픔을
표현할 길이 없어

오늘도
시인詩人은 운다

한恨의 노래

불광不狂이라 불급不及인가
누가 선뜻
나에게 불광不狂을 일러주오

객쩍은 말일랑 그만두고
허언을 삼가라
속을 보였으니
어찌 다시 안으리

곤륜산에 불이나면 옥석구분玉石俱焚* 한다지만
하늘이 종이축이 말리는 것 같이 떠나가고
체질이 뜨거운 불에 녹아질 때
옥은 더욱 옥이 되고
돌은 더욱 돌이 되리라

---

* 옥석구분: 옥과 돌이 모두 탄다는 뜻으로 선악이 구별 없이 함께 망한다는 의미

훈계 訓戒

학의 다리가 길다고
흉보지마라
짧은 다리 가진 것이
시샘하는 것이로되

학이 날개를 펴고 창공을 날을 때
쭉 펴진 학의 다리를 보았느냐

재두루미 외발로 서 있다고
감춘 다리 찾으려고 하지 마라

아서라
산바람 강바람 폭풍우에도
넘어지는 것 보았더냐
오래전 제 조상적부터
그렇게 살았느니
정작 조상을 탓할 것인가

부활의 詩

부활의 소망으로
나는 당신께 안기렵니다
초라하고 황폐한 내 영혼이
감히 솔로몬의 휘장과도 같은
황홀한 당신께 안기렵니다

죽음의 두려움도
이젠, 모두 나와는 상관없게 되었습니다

다시 오마 그 언약 있음에
있을 곳을 예비한다는 그 약속 있음에
나는 온전한 기다림으로
나는 운명처럼 당신의 신부가 되었습니다

부활의 소망은
해질 무렵
붉은 석양에 걸려 있는
그리움입니다

부활 생명 속에는
나의 꿈이 살아 있습니다

부활의 기대는
피 묻은 옷을 흰옷으로 물들입니다

나의 부활은
항상 별같이 살고파 하는 네 마음속에도 있습니다

나의 부활은
태양이 작열하는 금빛 모래알
수줍은 여름 해수욕장에도 있습니다

나의 부활은
아침 일찍 오줌 장군 지고 숨 가쁘게 산 골짜기
계단식 밭으로 올라가는
가난한 농부에게도 있습니다

나의 부활은
소풍가는 날 온갖 맛있는 음식을 장만해 와서

챙겨주고 또 챙겨주는 친구의 엄마를 물끄러미
바라보는 부모 잃은 아이의 빨갛게 젖은
눈망울에도 있습니다

나의 부활은
결혼하는 날 손잡아 주는 아빠의 뜨거운 손과
옷고름으로 연신 얼굴을 오르락내리락하는
엄마의 모습을 차마 보지 못해
와락 울어버리는 어린 신부의
검게 흘러내리는 눈물에도 있습니다

나의 부활은
삼복더위에도 풀무에 불을 달구고 벌겋게 단
쇠를 망치질하는 대장간 사람들의
정직한 근육에도 있습니다

나의 부활은
시장 한켠에 무엇엔가 쫓기듯이 앉아
시들어가는 푸성귀를 해지기 전에 다 팔기 위해
노심초사하는 아낙네가 천 원짜리 몇 장을 자꾸 세어보며
집에 두고 온 아이들을 생각하는
젖은 눈망울 속에도 있습니다

나의 부활은
병원 응급실에서 치료 순서를 기다리며
말할 수 없는 탄식과 이별의 어두운 그림자 속을
왕래하는 환자와 사랑하는
가족들의 흐르기도 전에 증발해 버리는
하얀 얼굴에도 있습니다

새 하늘과 새 땅이 준비되어 있으니
무엇이 걱정이랴
예비해 둔 집이 있으니
무엇을 염려하랴
오늘도 우리는 주의 은혜로
바람을 등지고 가지 않는가

어머니의 계절

아직도 삭풍은
초가집 용마루에 불고
전설처럼 희미하게
살쾡이 울음소리 들리면
어머니의 겨울밤은
뒤척이며 외로운데
희미한 등잔불 너머엔
옛 조상들의 금언들이
차례를 기다린다

면장집 개 짖는 소리에
겨울밤은 노기를 더해 가는데
둘째 놈은 아버지가 누웠던
자리에서 뒤척이고
막내 계집아이 볼은 막 붉어 가련하다

순적백성舜—百姓 어머니…
그래도 장남에게 기대를 걸어보고
언젠가 손주에게 들려 줄
오늘의 미소를 정돈하는가…

소박한 사람들의 봄을 부르는
숨 가쁜 헛기침 소리가

토담너머로 들리면
어머니는 삼경三更의 끝자락을 베개하고
아이처럼 고요하게
눈을 감는다
아직도 겨울인가…

송구영신(Ⅰ)

새벽을 깨우던 당신이
누구인지 알 수 있습니다

작열하는 태양을 삼킨 당신이
누구인지 알 수 있습니다

야공의 반짝이는 별을
쳐다볼 수 없도록
흐르게 하던 당신이
누구인지 알 수 있습니다

내 귀에 빗소리를
들려주신 당신은
주먹만 한 구름으로
나의 대지를 흠뻑 젖게 했습니다

밤이면 더욱 화려한 베네치아가
물 위에 떠 있는 도시인 줄을 누가 알리요마는
간간이 가녀린 비린 냄새
물안개 속으로 스며올 때
그래도 눈치 못 챈 사람들이
부지기수 아니던가

남한산성 깨진 기와조각에서
인조의 삼전도의 굴욕
삼배구고두례三拜九敲頭禮를 볼 수 없으면
이 나라 백성이라 할 수 없을 터

한산섬 밝은 달 아래
장군의 우국충정을
노래할 수 없다면
과연 국수명창國手名唱이라 할 수 있으랴

어머니의 손에
이지러진 뼈마디가
나의 삶의 역사로
비쳐질 수 없다면
과연 자식이라 할 수 있으랴

홍천의 멧돼지는 365일 53주
우리 성산을 지키는데
그까짓 땅 좀 팠다고
죽일 것이 무엇이냐
아서라 그곳에 멧돼지들
경건자의 터를 미리 파는 선각자들이니라

우리의 성산 홍천 우리의 터
산허리 돌아돌아
타인의 발길이
우리보다 빈번한가
우리 산에
이름 모를 산새들이

우는가! 웃는가!
탄식인가! 노래인가!

억울할 때 땅을 치지 말고
반석을 치라
괴로울 때 가슴을 치지 말고
반석을 치라

세상이 너를 슬프게 할 때
허공을 치지 말고
반석을 치라

이 세상 무지한 자들의 비수에
자주자주 베임을 당할지라도
그때마다 거룩한 씨가 되어라
이 땅에 그루터기가 되어라

송구영신(Ⅱ)

검은 하늘이 하얗게 되는 아침이 왔다
매연 가득한 길가에 도열해 있는 나무들이
여름의 기상은 다 어디로 가고
어떤 나무 더하고 덜하고 할 것 없이
모두 다 초라해 보인다
더 이상 초라해 보이기 전에
어서 봄이 왔으면 하는 나의 속내는
분명히 너무 성급하다

그래도 칙칙한 초록색 잎보다
앙상한 가지에서 운치를 찾는 것은
여름 탓일까? 칙칙한 나무 탓일까?
누구하나 돌보아 주는 이 없이
이 겨울을 살아가는
그 지독한 생명력을
은근슬쩍 간과하는 오만함이
낭만주의자들의 존재 가치인가

이 세상에는 순수 기하학의
토속 건물은 하나도 없고
건축가들의 고매한 설계 없이도
이 세상에 값있게 지어진 집들이
무수히 많다고 김광현 교수는 말하지 않았던가

가문, 명예, 학벌, 재력이 없어도
더 인간다운 사람들이 얼마나 많은가
하물며 하나님의 세계랴
하물며 신앙 세계랴

새해에는 밝은 노래를 많이 불러 보자
희고도 붉은 영혼의 노래를

해룡호

홀로 있어 더욱 아름다운
최북단 민통선 볼음도
송어 떼 뛰어노는 황금바다

주문처럼 민통선 어장이 열리면
화려한 문명에
배신당한 보상인가
막 잡아 올린
점농어 백농어 가득하다

연륜이 묻어나는
해룡호 갑판 위에서
웃고 있어도 눈물이 흐르는 노부부
평생 함께 해준 해룡호가
고마워서겠지
같이 늙어가는 해룡호가
안타까워서겠지

한 인생의 삶을 넘어
한 역사를 산 자신들의
회한悔恨이겠지

아마도 그렇겠지
그럴 거야

골곰짠지

무를 가지런히 썰어서
가을 햇살에 말리면
무말랭이가 된다

갖은 양념을 만들어
어머니의 익숙한 손으로
얼기설기 버무리면
곤짠지가 된다

아기 아지랑이 피어오르고
배고픈 보릿고개가
늑대처럼 아지랑이 언덕을
슬며시 기어오를 때면
곤짠지는 골곰짠지가 된다

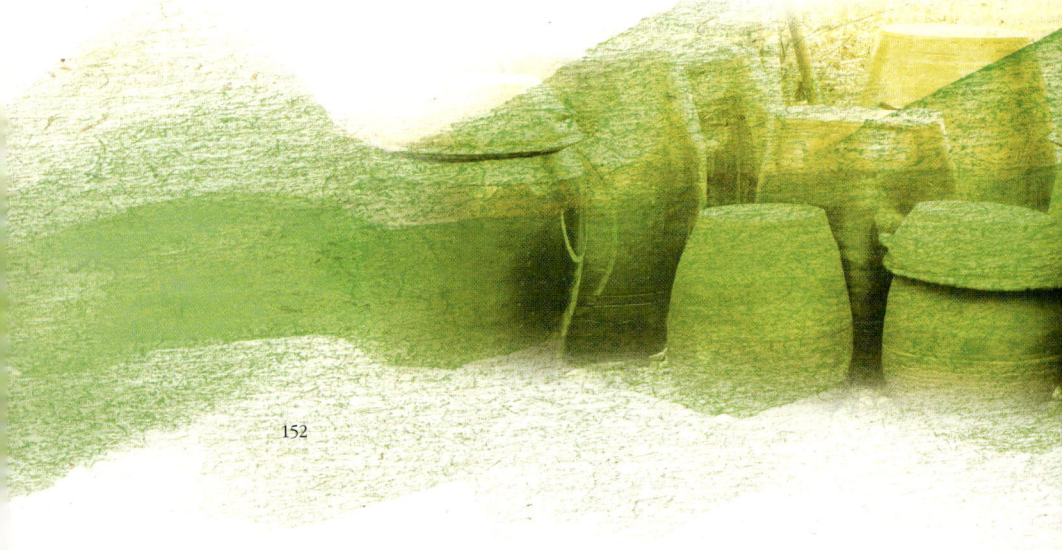

엄마가 싸주시는 찌그러진 도시락을 열면
반쯤은 달짝한 골곰짠지 물이 배어 있는 밥
그래도 도시락 한쪽에 있는 골곰짠지 맛은
여전히 상큼하다

지금은 지구 끝까지 간들
그 맛을 찾을 수 없다
어머니와 그 맛은 그 곳에 있다

佳音亭 가음정

기척도 없고 들리는 소리도 없는데
당신의 하소는 우리의 심장에 흐르고
당신의 향기는 낮과 밤을 지배하니
당신의 온기 앞에 숨을 자 있었던가

미움보다 사랑이 많아 언제나 사랑이 이겼고
허영보다 알뜰함이 많아 집안이 가득했다
교만보다 겸손이 많아 사람들이 들끓었고
게으름보다 부지런함이 많아 모자람이 없었다

서리 내린 귀밑머리 감추지 않았어도
홍안백발紅顔白髮 의미 없는 미소微笑는
우리의 역사 속에 훈장처럼 빛나고
밤마다 젖은 눈은 어둠의 과거를 훑으니
바람같이 가벼운 마음으로
계절의 여왕이 되어 허언虛言이 없었다

얌전한 몸매에 벗어나는 의상衣裳이 없었고
주시注視하기 전부터 흐르는 빛나는 눈은
그대의 올곧은 역사歷史였다

원칙이 분명하여 혼란이 없었고
천부天賦의 지혜가 양풍量豊하여
현자賢者의 도道가 집안에 가득하니
거느리는 남도南道의 사투리가 더욱 정겨웠다
당신의 영혼靈魂은 어디매 있다가 날 찾아와
나를 남편 만들어 이렇게도 육십이 년을 살았던고

당신의 혼魂은 가고 역사歷史는 묻혔는데
나는 홀로 여기에 남아
무엇을 더 익히려고 하는가

당신의 혼魂을 부르는 신神의 소리 아름다워라
당신의 혼魂이 토吐했던 거룩한 애소哀訴 아름다워라
우리의 혼魂들이 토吐하는 하소가 아름다워라

그 아름다운 소리들 산천경개山川景槪 수려秀麗한 홍천洪川
여기 가음정佳音亭에 영원하리라

사랑하는 사람에게

내 옆에 너 묻혀라

네 옆에 나 묻히게 하지 말고…

숨바꼭질

봄나물 캐러 가는 아낙네야

가을에 쓰던 바구니

가져가지 말고

작은 봄 바구니 가져 가렴

눈보라

차창 밖으로 동심을 자극하는
설경雪景이 흐른다

펑펑 많이 쏟아져서
이 세상에 부끄러운 것들을
다 덮었으면 좋겠다
저 눈이 녹을 때까지만이라도

눈은 왜 물 위에는 오지 않나요
이렇게 질문하는 사람들과
같이 살고 싶다

눈은 하늘에서 천사들이 내려 준다고 믿는
그런 사람들과 같이 살고 싶다

그렇다고 덮을 것이 없지는 않겠지만…

아지랑이 할미꽃

설중매雪中梅도 아니면서
인동초忍冬草도 아니면서
묘墓 등에 눈 녹자
들고양이도 모르게
남녘에 아지랑이 거느리고
수줍은 듯 솟아나는
아지랑이 할미꽃

계절을 실어나르다
저렇게도 허리가 굽었는가
이름처럼 살려고
엄살을 부린 것인가

아지랑이 할미꽃
허리 굽은 곧은 절개節槪를
오상고절傲霜孤節 국화에 비할까
삭풍朔風을 비웃는
낙락장송落落長松에 비할까
북풍한설北風寒雪이 시샘하는
오죽烏竹 산죽山竹에 비할까

해마다 이맘때면
남녘에 아지랑이 거느리고
전설처럼 솟아나는
아지랑이 할미꽃
그 꽃이 기다려진다

순리 順理

흙은 무슨 힘으로 꽃을 피우는가
흙은 무슨 시샘이 많아 꽃을 지게 하는가

물은 무슨 힘으로 배를 띄우는가
물은 무슨 시샘이 많아 배를 엎어버리는가

그래서 군선백수君船白水* 군주민수君舟民水라고 했던가
시샘이 아니라 정의로운 순리인 것을…

---

* 군선백수: 물은 배를 띄우기도 하고 엎어버리기도 한다. 임금은 백성이 세우지만 백성이 임금을 몰아
  낼 수도 있다는 뜻

오디가 익을 때면 내 슬픔 익어가고
오디를 먹을 때면 눈물이 나네
그분은 아마도 알고 계실까

현대인들의 고달픈 마음을
위로하고 치유하는 시

부록

어머니의 자서전 自敍傳
월간에세이(2012. 1월호)

점촌하면 왠지 촌스럽다고들 한다. 그도 그럴 것이 점자는 상점 점店, 마을 촌村이다. 상점이 있는 마을이니 옛날 시골에 무슨 상점이 있었겠는가. 그래서 점촌은 유서 깊은 시인묵객의 고장 문경의 유일한 볼거리이자 문화의 광장이 되었다.

나의 집은 영순이지만 초등학교 6년 내내 1등을 한 나를 어머니는 영순중학교나 용궁중학교에 보내지 아니했다. 영동국민학교가 생긴 이래로 나는 처음으로 점촌중학교에 입학했다. 당시 점촌은 문경 시멘트 공장과 문경 탄광을 끼고 있었기 때문에 경제적 활동이 활발한 곳이었다. 점촌중학교가 사립중학교라서 그런지 몰라도 지금 생각하면 복장부터가 다른 학교에 비해 꽤나 까다로웠다. 교복에 단추가 하나 떨어지기라도 하면 단추 구하기도 힘들었다. 이렇게 점촌 생각을 하다보면 점촌에 얽힌 추억은 한이 없다.

어제 서울에는 103년 만에 26.8cm의 눈이 쏟아져서 온통 서울 거리가 딴 세상이었다. 그런데 103년 만에 최고 많은 적설량이라고 하는데 왠지 수긍이 가지 않는다. 내가 점촌중학교 시절에는 얼마나 눈이 많이 왔는지 무릎까지 빠지도록 왔으니 어림잡아도 40cm 이상일 것이다.

이때 나는 광세라는 1년 후배와 점촌에서 자취를 하고 있었다.

　자취방에 겨울이 찾아오면 연탄불 아궁이의 불을 살피는 일이 학교 공부 중요 과목인 영, 수, 국에 비할 바가 아니다. 연탄 아궁이의 불은 자다가도 살펴야 한다.

　어느 겨울, 무릎까지 빠지는 눈길에 어머니는 쌀이며 속세짠지(고들빼기), 골곰짠지(무말랭이) 등을 옹기종기 그릇에 담아 가져오셨다. 나를 보고 하시는 첫마디는 "때를 그러면 안 데는 기라", "어째든지 때맞차 먹어"라고 하는 말이 그때는 왜 그렇게 나에게 쓸데없는 말이었는지…

　지난 해 어머니가 병원에 줄곧 계시다가 집에 들르셨는데 그 때가 바로 내 생일이었다. 어머니가 다시 병원으로 가시고 집에 돌아와 보니 흰 봉투가 하나 있었다. 그 봉투에 정성을 다해 쓴 몇 자 안 되는 글씨가 봉투 전면을 가득 채우고 있었다. 거기에는 "때 그러지 말고 먹고 건강하게 잘 살아. -엄마가-"라고 쓰여 있었다. 그 봉투에는 병문안차 온 사람들이 주고 갔을 십만 원이 들어 있었다.

　나는 돈을 꺼내놓고 봉투를 단번에 찢어버렸다. 어머니가 나와 이별하는 편지 같은 느낌이 들어 그때 나는 몹시 괴로웠던 것이 분명했다. 그렇지 않아도 침침한 내 눈이 앞이 보이지 않도록 눈물이 흐르고 있었다.

　언젠가 서초동에 사는 내 외사촌 석종이가 자기 아버지(나에게는 외삼촌) 자서전을 쓰는데 거기에 고모 말이 많이 나온다고 했다. 고모는 큰 아버지를(나에게는 큰 외삼촌) 일본 징용에 보내지 않기 위해 12살 때 일본 우체국장 집에 진일을 도와주면서

큰오빠를 부탁했다고 했다.

　고모가 고모부에게 시집갈 때 우리 아버지(어머니 바로 위 오빠)는 고모가 타고 가는 가마를 보면서 하루 종일 울었다고 했다. 그 이야기는 나도 외삼촌에게 들은 이야기다.

　6·25 사변 때 문경 지역은 온통 빨갱이들의 세상이었다. 고모는 시집(우리 집)에서 떡을 해서 혼자 계시는 아버지(나에게는 외할아버지)에게 23살 새색시가 겁도 없이 공산군들의 초소를 뚫고 늙으신 친정아버지에게 갔다드렸다는 이야기도 했다.

　어머니 생전에 불효막심한 내가 가끔 어머니를 뵈려고 서울서 출발해서 점촌을 가노라면 가고 있는 상황을 어머니에게 생중계 하면서 가던 일이 생각난다.

　날씨가 궂은 날에 내려오기라도 하면 어머니의 불호령이 떨어진다. 그러면서도 어머니는 내가 오는 것이 기다려진다. 어느 날 비가 계속 오면 못 간다고 했더니 나중에 안 일이지만 그 날 어머니는 종일 나를 기다렸다고 하셨다.

　어머니 계시는 집에 도착하면 토속 음식을 여러 가지 해 놓고 아들의 체중이나 지금 뱃속 상태는 생각지도 않고 "먹어! 맛있어 먹어! 짜다고? 싱겁다고?" 우리 어머니는 내 옆에 앉아서 밥 숟가락이 내 입에 들어 갈 때마다 입을 같이 벌리곤 하셨다.

　목사가 되고 나서는 어머니는 목사라고 나에게 존댓말을 쓰셨다. "맛이 삽사여, 어때요?"라고 하시던 어머니. 급히 서울로 돌아올 때는 대하연립 마동 103호를 나와 노인정 모퉁이로 내 차가 사라질 때까지 손을 흔들던 어머니.

　돌아올 때도 역시 서울 오는 길을 생중계하면서 돌아와야 했다. 어머니가 혹시 기다리시며 피곤하실까봐 서울 요금소까지만 오면 "어매! 서울 다왔어요."라고 전화하면 "아이고~ 벌써 갔어? 그래 잘 들어가."라고 하시면 상황이 종료된다.

어머니가 1년 8개월 전 혈액암 진단을 받고 혈액 수치가 800이 되어갈 무렵 집에 가고 싶다고 하기에 모시고 내려갔다. 얼마나 기뻐하시는지 외사촌 누님께 며칠을 부탁했다. 도저히 불안해서 다시 모셔오는데 누님이 '고모 주사 맞아' 하면서 십만 원을 건네주니 어머니는 나 가기 싫다고 우시면서 승용차에 올랐다. 그것이 어머니가 점촌 집을 마지막 보는 순간이 될 줄이야.

다시 대림 성모병원으로 와서 힘겹게 환자복으로 갈아입혔다. 그러다 어머니는 내가 문산 신학교에서 교단사 강의를 마치고 돌아오던 날 2009년 3월 10일(화) 정오 12시 8분에 대림 성모병원에서 하늘나라로 가셨다.

나는 어머니가 숨을 거두기 전에 어머니를 보면서 불효의 늪에 빠지는 것 같았다. 막 숨을 거두는 어머니 뺨에 내 뺨을 갖다대었다. 우리 어머니는 아무 요동도 없이 눈을 감고 자는 것 같았다.

이제 점촌 내려갈 때 생중계 할 이유도 없고 대하연립 마동 103호에서 밥 먹을 일도 없다. 그곳에는 어머니 영정 하나가 걸려있고 평소에 보시던 성경책 두 권만 자리를 지키고 있는 그냥 썰렁한 공간뿐이다.

서울 올라 올 때도 생중계 할 필요도 없게 되었다. 어제는 어머니 산소 앞에서 서울에서 여기까지 오고가는 길과 지금까지 일어났던 일을 한꺼번에 다 고하고 돌아왔다.

내가 내 외사촌 동생 석종이에게 말했다. 어머니 형제 3남 2녀 중에 가장 분량이 많고 볼만한 자서전은 고모 자서전일 것이다.

석종이에게 우리 어머니 자서전에 대한 나의 변辯은 간단하다. 어머니 자서전을 쓰려고 애써 기억을 되살릴 필요가 있겠는가. 내 자서전이 곧 어머니 자서전이 아닌가…

손주의 옹알이
문학마당(2015. 12월호), 월간에세이(2015. 12월호)

며칠 전 동사무소에서 주민등록등본을 뗀 일이 있었다. 거기에는 우리 부부와 우리 두 딸 다음에 사위 이름은 없고 외손주 민조엘이라고 적혀 있었다.

큰 딸과 사위는 결혼 후 미국에서 정치학 박사 과정 중에 있는데 조엘이는 우리 딸이 유학 중에 낳은 첫 딸이다.

조엘이라는 이름은 제 엄마가 지었는데 엄마 이름이 구약 성경에 나오는 엘림(Ellim)이라서 조그만 엘림이라는 뜻이란다.

그러나 조엘은 성경에 하나님의 기쁨이란 뜻을 가진 요엘(JoElle) 선지자의 이름이다. 미국 시민권에 적힌 손주의 영문 이름은 조엘 강 민(JOELLE GAHNG MIN)이다.

손주 조엘이는 이제 생후 6개월이다. 건강하던 내 아내는 손주가 태어나기 1년 6개월 전에 청천벽력 같은 폐암 4기 판정을 받았다.

전이轉移가 되어서 수술도 불가능하고 생명 연장, 증상 완화가 최선이라는 의사 선생님의 말씀에 내 아내는 그만 병원 바닥에 힘없이 풀썩 주저앉고 말았다.

그렇게 기대하고 사랑하던 큰딸이 해산하는데도 산바라지는 커녕 가보지도 못한 채 딸은 제 남편과 그곳에 있는 교회 성도들의 도움으로 건강한 딸을 쉽게 해산했다.

예정일이 이틀이 지날 때쯤 진통이 있어 병원에 갔을 때가 여기 날짜로 2015년 3월 1일이었다. 내가 예배 인도를 마치고 집무실로 막 올라오는데 내 아내가 다급한 목소리로 "여보! 사위에게 전화가 왔는데 엘림이가 순산했대요."

"그래? 산모는? 아이는 어떻대?" "모두 다 건강하고 정상이래요."

금이야 옥이야 하던 딸이 이국땅 먼 곳에서 엄마 없이 저 혼자 해산하느라 얼마나 초조하고 불안했을까 생각하니 가슴이 메어지는 것 같았다.

아내의 얼굴에는 순산의 기쁨인가 아니면 딸에 대한 미안함 때문인가 여윈 눈꺼풀에 눈물이 가득했다.

손주 조엘이가 할아버지에게 유아 세례를 받기 위해 사위와 딸은 생후 2개월 된 신생아를 데리고 서울에 왔다. 새벽 5시 인

천공항에서 나는 32년 만에 가족의 일원이 된 새 얼굴을 맞이하기 위해 기다림의 소중함을 맛보는 순간이었다.

드디어 아이들이 유모차를 밀고 나왔다. 누가 나를 밀치기라도 하듯 나는 달려가 유모차를 받았다. 내 눈이 바구니 안에 있는 생후 2개월이 채 안 된 아이를 보는 순간 나는 나의 생에 대한 보람과 함께 무한한 책임 같은 것을 느꼈다.

6월 7일 손주에게 유아 세례를 베풀었다. 세례 받는 조엘이는 여느 아이들처럼 울지 않고 끝까지 나를 주시해 보고 있었다.

둘째 딸 혜빈이가 국제포럼 참석차 에티오피아에 갔는데 언니는 동생이 돌아오는 날에 맞춰서 6월 15일 조엘이 백일잔치를 한다고 했다. 그런데 백일잔치 치고는 좀 특별한데가 있었다.

지금은 발달된 의학 덕분에 옛날과 달리 신생아 생존율이 높아서 백일잔치를 하는 일은 극히 드물지만 나는 내심 짐작되는 것이 있어서 그냥 지켜보기로 했다.

백일잔치 행사 장소에 출장사진사까지 불러놓고 엄마가 된 엘림이는 조엘이와 함께 제 엄마도 특별히 좋은 옷을 입게 했다. 그리고 쫓기듯이 시댁에 어른들이 오기 전에 땀을 뻘뻘 흘리면서 세 사람은 연신 사진을 찍고 있었다.

나는 행사장에 조금 늦게 도착했는데 엘림이가 나에게 다가와 울먹이며 말했다. "아빠! 아빠는 알지? 내가 왜 이렇게 하는지?" "그래! 알고 있다." "엄마가 조엘이 돌때까지 살아준다는 보장이 없어서 그래…"하면서 새내기 엄마는 흐느끼며 흐르는 눈물을 애써 다스리고 있었다.

나는 사랑하는 딸을 꼭 껴안으며 "엘림아~ 미안하다. 엄마를 잘 보살펴 주지 못해서… 내가 먼저 가야 하는데…", "비켜 봐 아빠. 엄마하고 사진 더 찍을 거야~", "오냐~ 그래 많이 찍어라."

엘림이는 조엘이와 함께 몇 달 더 있다가 가기로 했지만 갑자기 중동호흡기증후군 메르스가 창궐하는 바람에 백일잔치 다음날 바로 미국으로 출국했다.

딸은 미국에 도착해서부터 지금까지 하루도 빠짐없이 조엘이의 성장하는 모습을 담은 사진 몇 장씩과 동영상을 카카오톡으로 보내온다. 우리 가족은 사진이 올 때마다 카카오톡에 전달 기능을 활용해서 온 식구가 동시에 보게 된다.

아내는 항암과 임상을 거듭하면서 고통을 견디느라 웃음을 잃어버린 지 오래다. 아내는 둘째가 퇴근해서 집에 도착하기도 전에 성경책을 펴놓고 잠을 잔다기보다는 쓰러져 있다는 표현이 더 적합할 것 같다.

나는 일주일에 한 번씩 아내를 병원에 데려가는 일과 매일 한 번씩 외식을 하기 위해 아내가 먹고 싶은 음식점을 찾는 것이 겸손한 나의 일과가 되었다.

그때마다 나는 반드시 음식상을 찍어서 딸에게 보낸다. 딸은 그 사진을 보고 문자로 "아빠 고마워요~ 그리고 미안해요. 엄마 많이 드세요. 천천히… 그리고 제가 인터넷을 통해 배달된 반찬도 꼭 챙겨 드세요. 몸에 좋은 거니까…."

요즘은 조엘이가 무척 컸다. 벌써 아랫니 두 개가 하얗게 보이고 뒤집기를 하더니 배밀이도 하고 기어 다니려고까지 한다.

얼마 전 아이들이 바닷가에 나가서 동영상 하나를 보내왔다. 제 엄마가 "조엘아 저기 바다를 건너면 할머니가 계시는데 거기 갈까?" 하니까 조엘이가 제 엄마의 말에 맞춰서 애- 라고 뜻 모를 옹알이를 하는 동영상이다.

내 아내는 그 동영상을 보고 활짝 웃었다. 얼마 만에 보는 웃는 모습인가.

카톡♫, 카톡♫, 카톡♪♪ 오늘도 어김없이 동영상이 떴다.

제 엄마가 조엘이에게 "조엘아~할머니 안녕히 주무셨어요? 인사해봐." 하면 제 엄마의 말에 용케도 맞춰서 애- 라고 또 옹알이를 한다.

내 아내는 손주 조엘이의 옹알이를 신기하게도 손주의 안부로 받고 대소大笑하면서 "조엘이가 할머니한테 인사를 하네…" 하고는 그 동영상을 반복해서 보곤 한다.

이제 겨우 환갑을 지낸 아내가 매일매일 손주의 옹알이를 듣고 저렇게 깔깔대고 웃을 수만 있다면…

나는 아무래도 좋겠다.

일본 동경산 깻떡

일본 여행을 다녀온 둘째딸 혜빈이가 가방에서 주섬주섬 비닐에 싼 뭉치 하나를 꺼내며 객쩍은 웃음과 함께 '아빠 이거 먹어봐~'하며 내 앞에 슬쩍 던진다.

순간 나는 부녀의 정을 억제할 수 없어 가슴으로 딸을 끌어안으며 말할 수 없는 행복감에 젖었다.

왠지 요즈음은 조그만 것으로 감동받고 조그만 일로 슬퍼진다. 딸이 꺼내준 비닐 뭉치는 다름 아닌 일본 동경산 깻떡이었다. 깻떡을 보니 문득 그리움이 홍수처럼 몰려온다.

언젠가 백화점에서 깻떡을 사가지고 어머니에게 간 일이 있었다. 어머니는 무슨 별식을 보면 습관적으로 어떻게 만들었는지를 분석하고 조용하게 음미하면서 맛을 보신다.

내가 왜 깻떡을 샀을까? 우리 어머니가 떡 중에 깻떡을 제일 잘 만드시고 떡 중에 깻떡에 제일 관심이 많고 깻떡을 제일 좋아하시기 때문이다.

깻떡을 만드는 어머니의 솜씨는 시쳇말로 달인을 넘어 전설(legend)이다.

초저녁에 찹쌀을 갈아서 깻떡 만들기를 시작하면 자정이 될 무렵이면 서너 가지 깻떡이 완성된다.

　그런데 어느 날 어머니가 감기 기운이 떨어지지 않아서 문경 제일병원에 가셨는데 몇 가지 검사 후 의사 선생님이 아들이 있는 서울 큰 병원으로 옮겨보라고 했다. 어머니는 서울 삼성 의료원에서 정밀검사 결과 걱정한데로 급성 백혈병이었다.
　어머니는 2년 정도 투병하시다가 2009년 3월 10일 정오에 내가 학교에서 강의를 하고 돌아와서 나 혼자 관악산 산책을 하고 있을 때였다.
　이미 준비는 하고 있었으나 내 두려워하는 것이 임하는 순간이었다. 아내의 다급한 전화를 받고 병원으로 달려갔더니 어머니는 마지막 숨을 몰아쉬고 계셨다.
　어머니 머리맡에는 내가 사다놓은 까만 깻떡이 가지런히 놓여 있었다.
　깻떡을 보는 순간 나도 모르게 두 손으로 움켜쥐었다.
　나는 나의 모든 것을 다 내려놓은 채 어머니가 아껴서 드시든 깻떡을 손에 잡고 어머니 얼굴에 이미 뜨겁게 젖은 내 얼굴을 비볐다.

그리고 떠나는 어머니 앞에 어린 아이가 되어 "엄마, 엄마, 잘 가" 하는 말을 한 뒤에 갑자기 말문이 막히면서 그 다음 말을 이어갈 수가 없었다.

옛 말에 남자는 세 번 우는데 태어날 때 울고, 부모가 세상을 떠날 때 울고, 나라가 망했을 때 운다고 했던가. 내가 평소에 많이 우는 편이지만 어머니 쓴 글에 눈물을 떨구는 울음은 난생 처음 울어보는 울음이었다.

어머니를 잃으니 더 잃을 것이 없었다. 나는 더 잃을 것이 없는 세상을 10년이나 살았다.

오늘따라 엄동설한 얼어붙은 대지처럼 가라앉은 내 마음에 어디선가 따뜻한 온기를 몰고 오는 딸이 내 놓은 일본 동경산 깻떡.

고소하고 짭짤하고 담백해서 하나만 먹어도 입안이 꽉 차는 내용 있는 깻떡.

깻떡에는 다른 떡이 흉내 낼 수 없는 향기가 있다.

그 향기는 아들을 사랑하는 어머니의 향기며

그 향기는 어머니를 속절없이 보내야 하는 불효자의 향기다.

또 다른 향기 하나는 엄마 잃은 딸을 사랑하는 아빠의 향기며

아내 잃은 아빠를 사랑하는 딸의 향기다.

혜빈아~ 너를 사랑해야 될 이유는 너무 많고 너를 미워해야 될 이유는 아주 없다.

언젠가는 너를 위해 보내야지… 그리고 아빠는 너를 위해 가야 하나…

혜빈아~ 나는 간절히 기도한다. 이 향기가 또 다른 향기를 견인하기를…

엘림이 아버님이 사랑한 것만큼

누가 하늘이 무너지는 것 같다고 했던가.

나에게 엘림이는 또 하나의 하늘이다.

우리 첫 딸 엘림이는 하나님이 나에게 준 선물이다.

누구나 다 그렇다고 하겠지만 그렇다고 난 그 어떤 이와도 시비할 생각도 없고 그렇게 할 필요를 느끼지도 않는다.

엘림이가 집안에 있으면 하늘이 집안 가득히 내려와 있는 것 같다. 지금까지 나의 육체가 토吐해 내는 가장 익숙한 언어言語는 호적명 혜림惠林이가 아니고 엘림이다.

언제쯤인가 첫째 엘림이와 둘째 혜빈이가 아직 중학교 교복을 입기도 전이다. 그때 엘림이는 연두색 점퍼를 입고 있었다.

어느 날 전철을 타고 가다가 갑자기 우리는 제주도에 왔다. 전혀 계획도 없이 탐라호텔에 묵게 되었다.

그 후로 매년 이 맘 때면 우리 가족은 제주도에 왔다. 방한 칸에 침대는 더블과 싱글 두 개인데도 그때나 지금이나 네 사람이 자는 데는 아무 불편이 없다. 이게 가족인가보다.

이젠 제주도 가족 여행도 이것으로 마지막이 될 것 같다. 그래서 하늘이 무너지는 것 같다. 결코 엘림이가 결혼할 왕자가 생겼기 때문이 아니다.

예로부터 내 고향 문경은 시인묵객들의 고장이다. 한양으로 과거科擧 보러가는 영남의 선비들이 문경새재를 넘어야만 했다. 그러다보니 문경은 수많은 선비들의 사연들이 전설처럼 베여 있는 곳이다.

그래서 문경은 맹자가 태어난 추나라와 공자가 태어난 노나라와 같은 고장이라는 뜻에서 '추로지향'이라 부를 정도로 유학의 뿌리가 깊은 곳이다. 유학에서는 남녀가 유별하다.

나는 어릴 때부터 철저히 유교적 교양과 가치관으로 훈련받으며 성장해 왔다. 철학은 남자와 여자를 각각 의미 있는 개체로 본다. 따라서 학문의 세계에서도 물리적이거나 생물학적 시각에서 남녀의 존재적 가치를 그 어느 쪽도 비교우위에 두지 않는다.

만약 엘림이가 결혼하기 때문에 심기가 불편하다면 나는 내 스스로가 인간들의 보편적 삶의 굴레에서 벗어나지 못하고 있다는 것이 분명하다.

그렇다면 나는 어쩌면 억지로라도 인간들의 보편적 가치관에 더욱 철저해야 하는지도 모른다.

왜냐하면 아직도 우리 사회는 전통적 가치관의 위세에서 벗어나기를 두려워하고 있기 때문이다. 그래서 나는 나의 자아와 이런 문제에 대해서 본의 아니게 시비할 때가 있다.

나는 엘림이에게 진정 전하고 싶은 말이 있다. 난 어쩌면 너보다 더 새로운 가치관에 목말라 하고 있다고…

그리고 엘림아~ 너는 결혼과는 아무 상관없이 변함없는 내 딸이야.

해마다 오는 제주도 가족 여행에서 나는 나의 날을 계수하는 지혜를 얻는다. 제주도 주변 환경은 스스로 의구依舊한데 나는 매년 다른 것을 느끼고 있다. 그것은 갈수록 나의 입지가 가족들 사이에서 점점 좁아지고 있다는 것이다.

지금 세 여자가 자기 몸이 원하는 대로 가장 편한 자세로 뒤엉켜 자고 있다. 나는 일어나 엘림이, 혜빈이 그리고 내 아내의 자세를 바로 해 주고 나의 사랑과 나의 보호 본능을 다하여 이불을 덮어준다. 아마 제주도에서 엘림이 이불을 덮어주는 것은 이것으로 마지막일 것이 분명하다.

엘림이는 계획대로라면 올 여름에 결혼하고 사위 인영仁榮이와 함께 미국으로 유학을 간다. 그러고 보니 이젠 엘림이와 한 방에 자는 날도 얼마 남지 않았다.

인영이가 나에게 보낸 문자 메시지에 "엘림이 아버님이 사랑한 것만큼 사랑하겠습니다."라고 했으니 그 약속이 변치 않기를 바랄뿐이다.

학자풍이 물씬 나는 티 없이 맑은 인영이로부터 또 문자 메시지가 왔다. "아버님 제주도에서 즐거운 시간보내십시오. 저도 따라가고 싶었는데 사정이 여의치 않았습니다. 다음번에는 꼭 같이 가겠습니다. 민인영 올림"

이 늦은 밤에도 우리 방에는 하늘이 가득히 내려와 있다.

인영아! 네 방에도 언제나 하늘이 가득히 내려와 있기를…

그리고 엘림이 아버님이 사랑한 것만큼 사랑하기를…

2011. 2. 8 밤에
제주도 롯데호텔 852호에서 아버지

30년 전 역전 이발소
월간에세이(2013. 9월호)

같은 서울 도심지인데도 어디에 가면 이발비가 천 원이고 어디에 가면 만 원이고 어디에 가면 만 원 이상이다.
여자들이면 또 모를까. 남자들이 머리 한번 다듬는데 뭐 만원씩이나 줘야 하나? 물건을 모르면 돈을 많이 주라는 말이 여기에도 적용되는가? 그런 생각 저런 생각하면서 이발소 문을 삐걱 밀어 젖힌다.
1호선 전철역 대방동 여의도 쪽으로 난 골목 한 어귀에는 '역전 이발소'라는 간판이 양철판 위에 아무런 꾸밈없이 써져 있다.
어쨌든 역전 이발소가 분명한 것은 정면 벽에 붙은 서울시가 발행한 영업허가증에 그렇게 적혀 있다. 이발소 안에는 나무로 만든 긴 의자가 있고 연탄난로 위에는 더운물이 큰 알루미늄 통에 가득하다.
아무리 손님이 많아도 여기에 담긴 더운물은 화수분貨水盆인 양 언제나 풍족하다. 그리고 난로 연통 위에는 잘 세탁된 틀림없이 값이 싼 수건이 만국기처럼 늘려져 있다.
'싸각 싸각' 이발 기계 소리가 왠지 정직하게 들린다. 그 흔한 샴푸도 없이 유난히 억센 듯한 빨래비누로 착실히 머리를 감아

주는 충청도 총각은 몸짓까지도 순진하다. 남들이 말하기를 법 없이도 살 수 있다고 하는 종업원 세 사람 그 종업원의 그 주인인 듯하다.

앞사람이 엎드려서 빨래판에서나 볼 수 있는 거품을 뒤집어 쓰고 끙끙 소리를 내며 머리 감는 것을 보노라면 그 옛날 몇 푼씩 받고 머리를 깎아주던 동네 이발하는 아저씨가 생각이 난다.

요정처럼 화려한 이발관에 자주 들리면서 시건방지게 큰돈 한 장씩 우습게 건네는 사람들도 처음부터 그런 것은 아니었으리라.

돈을 무척이나 겁을 내며 자라난 우리다. 밤이 되면 짚불 연기 가득한 멍석 위에서 충신열사와 우국지사의 무용담을 들으며 자라난 우리다. 낡은 멍석은 어른들이 깔고 새 멍석은 아이들의 몫이었다. 풋서리한 보릿대로 피우는, 연막 같은 모깃불 연기를 마시며 일본 순사의 침략 실화를 들노라면 어린 가슴에 안개같이 스미는 적개심에 밤이슬 맞는 줄을 몰랐다.

까물어져가는 모깃불을 구멍 난 죽석부채로 부쳐대며 있노라면 난데없이 소쩍새 우는 소리에 부시시 성근 눈을 비비며 잠을 청했던 우리들이다.

칸칸이 막아 놓고 침대처럼 생긴 이발소 의자보다 환하게 햇빛이 비치고 알맞게 딱딱한 역전 이발소 의자가 언제나 솔직해 보인다.

면도나 이발과는 전혀 관계없어도 좋은 젊은 여자들의 움직임보다는 내일을 셈하지 않고 천직처럼 열심히 일하는 사나이들의 움직임이 더 좋다.

다 읽은 종이 신문을 손바닥만 하게 찢어서 손님들 배 위에 올려놓고 면도칼에 묻은 찌꺼기를 닦는다고 해서 불쾌하게 생

각하는 사람은 없다.

 명절이 되면 역전 이발소에도 사람들이 밀려올 때가 있다. 머리감고 드라이 하는 나 같은 사람, 면도만 하는 사람, 드라이만 하는 사람, 염색만하는 사람들이 있지만 차례를 지켜주지 않아서 손님을 불쾌하게 한 적은 한 번도 못 보았다. 적어놓기라도 하듯이 한발이라도 먼저 오면 먼저 하게 된다.

 길게 늘어선 차선을 보면서도 초행길에 잘 몰라서 실수한 척 하면서 깜박이를 켜고 염체불구하고 앞으로 들어가 새치기 하는 차를 볼 때 사람들을 불쾌하게 한다. 이런 사람들에게 범칙금 대신에 사람들이 많은 명절날 이곳에 와서 머리를 깎게 했으면…

 지난 총선 때 벽보에 붙은 사진을 자기 당후보가 잘 보이도록 찍어서 신문에 실은 사람들은, 손님이 많은 토요일 오후에 잠시 들러서 민초들의 때 묻지 않은 양심을 구경하고 갔으면…

언젠가 예산 국회에서 어느 고급 관리가 개도 안 물어간다는 백 원짜리 동전을 다섯 개만 주면 드라이를 하고, 열 개만 주면 이발, 면도, 세발, 드라이를 모두 하게 되고 여기에서 여덟 개만 더 주면 염색까지 한다. 얼마 전까지만 해도 염색은 천오백 원이었는데 염색약 값이 올라서 그렇다고 한다.

개가 왜 백 원짜리 동전을 물어가겠는가. 그러나 백 원의 소중함을 알아야 더 큰돈의 소중함을 알 수 있지 않겠는가.

서울 도심 구석구석마다 이처럼 소박하고 천직처럼 일하는 사람들이 더 많이 있을 것이다.

이 글은 내가 30년 전에 쓴 것이다.

지난 2013년 4월 어느 날 여의도에서 이른 저녁을 먹고 7시쯤 만개된 벚꽃 길을 걷다가 30년 전 첫 아이를 낳고 신혼살림하던 그곳으로 나도 모르게 발길이 갔다.

첫 딸 아이의 재롱이 그리워서 일까. 30년 전 첫 딸아이의 재롱을 따라 이곳저곳을 둘러보았다.

그때 역전 이발소였던 그 건물은 새 건물로 말끔하게 건축되어 있었다.

놀랍게도 그 건물에는 이발관 전용 둥근 네온이 걸려 있었다. 그러나 네온은 불이 꺼진 채 돌아가지 않고 있었고 네온 밑에는 붉은 글씨로 2층이라고 쓰여 있었다.

한창 영업이 시작될 이 시간에 불이 꺼진 것을 보면 30년 전 내가 다녔던 추억의 역전 이발소는 아직도 그곳에 있다.